天行健

楊永[illegible]題

图书在版编目（CIP）数据

天行健 / 郑声滔著. — 北京：文化艺术出版社，
2018.12
ISBN 978-7-5039-6613-2
Ⅰ. ①天… Ⅱ. ①郑… Ⅲ. ①诗集—中国—当代
Ⅳ. ①I227

中国版本图书馆CIP数据核字(2018)第265802号

天行健

著　　者　郑声滔
责任编辑　巩建华　郭丽媛
封面设计　叶惠芳
版式设计　姚雪媛
出版发行　文化艺术出版社
地　　址　北京市东城区东四八条52号　（100700）
网　　址　www.caaph.com
电子邮箱　s@caaph.com
电　　话　（010）84057666（总编室）84057667（办公室）
　　　　　（010）84057696—84057699（发行部）
传　　真　（010）84057660（总编室）84057670（办公室）
　　　　　（010）84057690（发行部）
经　　销　新华书店
印　　刷　北京金彩印刷有限公司
版　　次　2019年9月第1版
印　　次　2019年9月第1次印刷
印　　张　7.75
字　　数　38千字　图片　419幅
开　　本　787毫米×1092毫米　1/16
书　　号　ISBN 978-7-5039-6613-2
定　　价　48.00元

築夢之行，詩人之行
心中有志，詩以言志
以詩為媒，揚帆起航

祝賀鄭孝滿兄
發詩作出版

胡修年
二〇一一、二、廿四

代序

筑梦之行，诗人之行。

心中有志，诗以言志。

以诗为桨，扬帆起航。

胡锦华，安徽绩溪人。1959 年 9 月毕业于上海医学专科学校。曾任上海市健康教育所所长，世界卫生组织上海健康教育与健康促进合作中心主任，上海市人民政府参事，中国健康教育协会副会长，中国科普作家协会理事，上海市控制吸烟协会会长，上海市科普作家协会副理事长，中国卫生科普报刊研究会会长，《上海大众卫生报》总编辑等职。

胡锦华从事健康教育工作50余年，是世界卫生组织上海健康教育与健康促进合作中心、中国卫生科普报刊研究会、上海市控制吸烟协会创始人。2011年，他以自己的名字创办公益机构“上海胡锦华健康教育促进中心”。50年来，胡锦华先生形成了自己一整套系统的、独具特色的健康教育理论。著有《胡锦华健康教育文集》（上、下）、《岁月如歌——中国健康教育发展侧记》、《实用健康教育学》、《市民健康行为指南》、《公共卫生教育读本》（小学版、初中版、高中版）等数十部论著。获原卫生部科技进步一等奖，世界卫生组织控烟贡献奖等；获全国健康教育先进工作者、全国医学科普先进工作者、上海市先进工作者等荣誉称号。

目录

听才歆[1]老师谈翻译有感

6月10日

译海无涯上下索，奇人奇名才歆说。

同传专家好经历，热爱翻译是根基。

责任担当学习力，双语功底加译技。

百万译文能力超，实战经验是王道。

英国巴斯[2]好去处，纽卡斯尔[3]译员助。

— 解析 —

2017年6月10日，英语口译专家才歆受邀至闽南师范大学外国语学院做口译讲座，郑教授参加了才歆老师的讲座有感而发。郑教授通过简单直接的话语告诉大家，学好外语翻译最重要的是要热爱它，只有热爱它才会有兴趣和动力去学习。学习不能局限在书面上，要注重实践，实践出真知。

[1] 才歆（xīn）：英语口译专家。

[2] 巴斯：这里指巴斯大学。巴斯大学为国际大学翻译学院联合会（CIUTI）的四十个会员大学之一，是欧洲最早提供翻译课程（非纯口译）的学校之一，多年来已造就无数翻译专家，在翻译领域中居翘楚之地位，提供英—法、英—德、英—西、英—俄等欧洲语，以及英—中、英—日等亚洲语言的双向口译／笔译课程。

[3] 纽卡斯尔：这里指纽卡斯尔大学。纽卡斯尔大学的现代语言学院的口译／翻译硕士课程，是英国大学中设有中英／英中专业历史最悠久的。

应邀参加闽师大外语学院研究生联欢晚会有感

6月12日

闽师外院研究生，帅哥靓妹笑语声。
经典表演三句半[1]，文体学术共发展。
模特走秀李导[2]酷，能歌善舞闽师徒。
庄舍一曲吉他音，压轴节目更温馨。
感恩受邀共享欢，青春虽去又复返。

— 解析 —

2017年6月12日，郑教授应邀参加闽南师范大学外国语学院学生联欢会，欣赏了精彩的文艺节目，诗兴大发赋诗一首。郑教授进入闽南师范大学工作已有27年，在这期间迎来送走了许多学生，可谓桃李满天下。郑教授参加联欢晚会，不仅被精彩有趣的节目吸引，被轻姿曼舞弦歌所感染，还从学生那稚嫩的面孔中看到自己随时光逝去的青春，此情此景，令郑教授仿佛重新回到了年轻时代。

---

[1] 三句半：一种中国民间传统曲艺表演形式。每段内容有三个长句、一个半句。一般由四人演出，前三人每人说一个长句，最后一人只说简短两个字的半句，故称“三句半”。

[2] 李导：闽南师范大学外国语学院导师李建民。

闽西红土地[1]的召唤

6月16日

龙岩学院[2]盛情邀，书记校长[3]平易交。

外语学院聚英才，质朴学子深情在。

感恩助力自强功，客座教授聘书重。

大爱榜样学工部，朱副[4]领导创新路。

— 解析 —

2017年6月16日，郑教授受龙岩学院邀请进行学术交流暨事迹报告会，并接受龙岩学院客座教授的聘书。闽西是中国革命老区的重要组成部分，产生了红土地文化。受龙岩学院的盛情邀请，郑教授来到这片红土地进行一系列的自强、助强、助学活动，并向龙岩学院捐资66万元人民币设立自强基金，为自强大学之梦开启了新的一页。

---

[1] 闽西：福建省的西部，简称闽西。红土地：指过去的红色革命根据地，这里主要指闽西革命红土地精神。

[2] 龙岩学院：前身为创办于1958年的龙岩师范高等专科学校。2004年5月，正式升格更名为龙岩学院。

[3] 书记校长：这里分别指龙岩学院书记王耀华、校长凌启淡。

[4] 朱副：这里指龙岩学院党委副书记朱闽。

风雨兼程

6月17日

感恩朱副亲送行，龙岩高架绿生情。

瞬间登上绿皮车，三十年前旧事陈。

长汀[1]南站坡道缓，残障设施有进展。

中午抵达清流县，四套班子领导现。

好山好水好人在，三大希望好竞赛。

— 解析 —

2017年6月16日，郑教授受龙岩学院邀请进行学术交流暨事迹报告会，接受龙岩学院客座教授的聘书后，一路风雨兼程从龙岩到长汀、清流参加“感恩、扶贫、健康、财富”论坛活动。其间，还受到了清流县四套班子领导的接待。为了实现第二个梦想，郑教授一路西行，在好山、好水、好人的清流县与县四套班子的领导交流，并对入股双叶股份公司提出了三大希望。

---

[1] 长汀：古称“汀州”，简称“汀”，是最具代表性的客家人聚居地，被称为“世界客家首府”。长汀地处闽赣边陲要冲的福建西部山区，为福建省面积第五位的大县。

回漳路上有感

6月18日

光明书记[1]亲送行，人如其名磊落赢。

美丽清流[2]映脑海，江董[3]专车入长汀。

回漳动车匆匆瞭，龙岩花生细细嚼。

千叶百肽[4]见成效，北斗矿泉[5]富锶妙。

— 解析 —

2017年6月18日，郑教授应邀到福建省清流县参加福建双叶农业科技股份有限公司的签约仪式，受到了清流县四套班子领导的热情欢迎与接待，李光明副书记还亲自为郑教授送行。

郑教授在动车上回想美丽的清流，看到千叶百肽已见成效，北斗山矿泉水项目也已立项，甚是欣慰。与光明书记相识相交，郑教授称赞其人如其名，光明磊落是人生的赢家。在回漳州的动车上瞭望窗外匆匆景色，郑教授一行再次细细品尝龙岩花生的美味。

---

[1] 光明书记：这里指时任清流县委副书记李光明。

[2] 清流：福建省三明市下辖的一个县。清流县位于福建西部，武夷山南侧，九龙溪上游，是著名的客家祖地之一，当地客家风情浓郁。

[3] 江董：这里指福建双叶农业科技股份有限公司董事长江俊声。

[4] 千叶百肽：全称“福建千叶百肽生物科技有限公司”，主要采用高新技术从蔬菜中加工生产富集一氧化氮供体的纯天然提取物（无添加成分），开发出增进心血管健康，有效降“三高”，抗衰老，提高运动耐受力、记忆力和大脑智力的保健食品、功能性饮料及趣味食品。

[5] 北斗矿泉：指在清流县北斗山生产的矿泉水，富含对人体有益的锶元素。

复兴中华梦[1]

7月1日

香港回归二十年，国旗区旗飘飘连。

九六华诞庆党建，双喜临门万人现。

上午参加开题研，夜晚享用焰火宴。

复兴中华梦百年，习总核心共向前。

— 解析 —

在香港回归 20 周年、中国共产党成立 96 周年之际，郑教授偕家人到香港感受其欢乐气氛，与祖国共庆。本诗讲述了郑教授繁忙的行程：上午还在闽南师范大学参加研究生开题报告，夜晚时分已在香港观看庆祝香港回归 20 周年焰火表演。诗中表露出了郑教授对香港回归 20 周年且适逢建党 96 周年双喜临门的赞美，在以习总书记为核心的党中央的带领下，共同发展前行，为复兴中国的百年梦想而奋斗的愿望。

[1] 中华梦：即中国梦。“中国梦”的核心目标可以概括为“两个一百年”的目标，也就是：到 2021 年中国共产党成立 100 周年和 2049 年中华人民共和国成立 100 周年时，逐步并最终顺利实现中华民族的伟大复兴。

观海象鱼有感

7月2日

平生首见海象鱼[1]，两米以上大身躯。
大鱼大爱口为居，繁殖后代奇景趋。
大象海象海象鱼，三三不同造物续。
世间尚有不如鱼，爱心可否改境遇。
以德报怨我意欲，但愿诸君回头聚。

— 解析 —

在香港回归 20 周年、中国共产党成立 96 周年之际，郑教授偕家人来到香港，并参观香港海洋公园水族馆。在香港海洋公园水族馆，郑教授亲眼观赏到海象鱼。通过对海象鱼的观赏，对比大象、海象与海象鱼的不同，引发郑教授对“三三布阵法”的深思，以及对爱心的付出能否改善现代社会风气的深度思考，展现了郑教授以德报怨，感化那些不具爱心人士的胸怀。

[1] 海象鱼：是巨骨舌鱼属的物种，成鱼体长可达 2—6 米，体重可达 100 千克。体形巨大，长形，稍侧扁。

自强路上仁者护

7月2日

今朝初见真企鹅[1]，亦为雕塑合影客。
真亦假来假亦真，画中企鹅似布阵。
图几为真图几假，诸君可否猜一下。
自强路上多坎坷，亦须仁者多护车。

和诗：黄麒麟

亦真亦假现端倪，三三布阵见真章。
残健融合如两极，自强不息万千重。
恩师远行千里外，借景铭志细叮咛。
吾辈莫负好时光，精进勤勉朝夕间。

— 解析 —

在香港回归20周年、中国共产党成立96周年之际，郑教授偕家人来到香港，并参观香港海洋公园水族馆。在香港海洋公园水族馆，郑教授近距离与企鹅互动。互动过程中，郑教授再次想起了“三三布阵法”，同时联想到创办自强大学道路坎坷，希望更多的爱心人士、仁人志士加入到帮助、保驾护航的行列。

---

[1] 企鹅：有“海洋之舟”的美称，是一种最古老的游禽，主要生活在南半球，属于企鹅目、企鹅科。

推己及洋深无边

7月2日

海洋公园[1]四十年，保护海洋情无限。

动物喻人人喻物，诗中有话好倾诉。

话中有话任你猜，未知根底对号栽。

推己及洋更无边，爱屋及乌成诗仙[2]。

— 解析 —

2017年7月2日，郑教授一家参观香港海洋公园，牵动了郑教授对海洋保护的无限情怀，引发了郑教授对事物的研究有了更深入的感悟，并通过借物喻人与借物言志表达自己的远大志向。

[1] 海洋公园：位于香港港岛南区黄竹坑，占地超过91.5公顷，是一座集海陆动物、机动游戏和大型表演于一身的世界级主题公园。

[2] 诗仙：李白，字太白，号青莲居士，又号“谪仙人”，是唐代伟大的浪漫主义诗人，被后人誉为“诗仙”。

人生数十亦弹指

7月3日

雨中港湾空气清，沿途高楼布阵精。

天星码头尖沙咀[1]，小轮悠悠摇篮内。

两元游船览美景，多人椅边秀衷情。

中环码头[2]瞬间至，人生数十亦弹指。

— 解析 —

郑教授在香港期间参观了香港各著名码头，有感于香港建筑的精美，变化之快。看到香港耸立密布的高楼，大街小巷中的车水马龙、人头攒动，感慨人生如流水，数十年的光阴如高速飞驰的列车转瞬即逝，所以我辈做事要抓紧。

[1] 尖沙咀天星码头：经常简称作“尖沙咀码头”，是香港天星小轮公司设于九龙半岛南端的尖沙咀海旁的渡轮码头。

[2] 中环码头：全称“中环渡轮码头”，是香港中环往多个离岛及维多利亚港两岸的渡轮码头，位于国际金融中心对开的海旁。

登香港天际 100 有感

7 月 3 日

天际 100 观景台[1]，一分钟内到天台。
三九三米俯视来，高楼大厦脚下踩。
夕阳更胜黄金带，夜景灯光照未来。
吕氏华耀[2]真和蔼，一路引导显关爱。

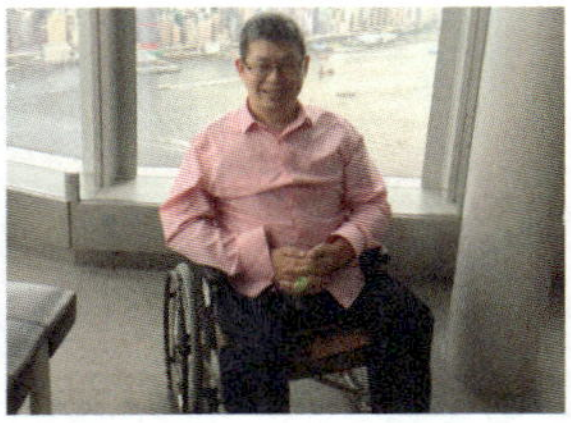

— 解析 —

2017 年 7 月 3 日，郑教授赴港办事，全家三代人共享天伦之乐，参观香港天际 100 观景台。

这是一首登高言志的诗，郑教授借助现代科技的力量一分钟就达到 393 米的高度，看到夕阳的美，看到远处华灯初上的夜景，联想到自强大学的未来一定光明一片。同时家庭成员之间相处融洽的欢乐之情溢于言表。

[1] 天际 100 观景台：设于全港最高建筑物环球贸易广场的 100 层，世界第四高的建筑物。
[2] 吕氏华耀：这里指吕华耀，天际 100 的服务员。

再创辉煌谱新篇

7月3日

欢庆回归二十年，彩灯标语亮眼前。
港人爱国共欢颜，同心奔走前路先。
巧遇学生海事馆[1]，不忘中华历史篇。
百年耻辱洗刷干，再创辉煌谱新篇。

— 解析 —

本诗为郑教授游香港海事博物馆时，有感于南中国沿岸航运史的变迁而作。郑教授由南中国沿岸航运史的变迁，联想到了中国南海的百年耻辱在香港回归 20 年之际彻底被洗刷干净。展望未来，希望大家能铭记苦难，更要协力创造，谱写充满辉煌与爱的新篇章。

---

[1] 海事馆：指香港海事博物馆，该馆旨在展示南中国沿岸航运史及香港地区所扮演的角色。

鹭沪空中遨游

7月8日

由鹭[1]及沪东航飞，蓝天白云一堆堆。
腾云驾雾悟空随，翻山越岭悟能飞。
四通八达马路追，五花八门房屋垒。
万里晴空申城[2]至，天上如画地翡翠。

— 解析 —

本诗为郑教授从厦门搭乘东航飞机前往上海，记录在飞行中的所见所感。诗中描绘了飞机在航行中穿越云层的美景和高空俯瞰之下蓬勃发展的城市，天上的美景如画、地下的上海景观如翡翠般美丽，表达了郑教授对本次上海博威之行的赞赏和对此次出行踌躇满志的愉悦之情。

[1] 鹭：指厦门市，位于福建省东南端，史称“鹭城”。
[2] 申城：上海的别称，地处长江入海口，是长江经济带的龙头城市。

博威乌镇五年庆

7月8日

博威[1]发展五周年，乌镇[2]欢聚共庆典。

创意活动惊喜连，员工子女齐欢颜。

政协委员前台现，合作伙伴四海面。

受奖代理俱感言，祝福发展力无限。

— 解析 —

2017年7月8日，郑教授及公司的重要领导受邀前往乌镇参加博威五周年庆典。郑教授对博威公司五年来取得的成绩表示衷心的祝贺，对活动的策划创意深感惊喜，希望自己的公司能受到启发。其间，郑教授发表了自己的获奖感言，并祝福博威，希望两家公司合作发展前景无限。

[1] 博威：Blackwell Global Investments Limited(简称BGI)，成立于2010年，系一家股权投资集团和金融咨询服务机构。

[2] 乌镇：地处浙江省桐乡市北端，江南六大古镇之一。

游乌镇东栅

7月9日

感恩博威盛会开，漫游乌镇东栅[1]来。

茅盾[2]故乡文化浓，敢摸狮胡大卫种。

木屋数层古色香，牛仔草帽西域装。

雕塑展现三白酒，平安是福愿长久。

— 解析 —

2017 年 7 月 9 日，郑教授在乌镇参加博威五周年庆典之余，参观乌镇东栅。其间，郑教授欣赏了乌镇东栅古色古香的建筑、牛仔草帽西域装饰及一些展品，感受到乌镇东栅浓厚的文化底蕴，感慨此处不愧是茅盾先生的故乡，那些古典精致的建筑、雕塑、三白酒、服饰无不展示了乌镇的魅力。

[1] 乌镇东栅：东栅景区位于浙江省嘉兴市桐乡市，著名景点有茅盾故居、木心故居。

[2] 茅盾：原名沈德鸿，字雁冰，浙江省桐乡市乌镇人。

百年大梦夜

7月9日

夜游乌镇西栅区，感恩郎慧[1]陪我聚。

厚德载福门前语，花伞遮顶人后趣。

巨筷一双追我来，灯笼六对随君去。

中华历史好街区，百年大梦正延续。

– 解析 –

离开乌镇东栅，郑教授一行饶有兴致地夜游乌镇西栅，感谢好友郎慧的抽空陪伴。欣赏到如此富有特色的中华好街景观，想到祖国发展欣欣向荣，实现中华民族的伟大复兴指日可待，郑教授喜不自胜。

[1] 郎慧：郑教授合作公司的员工。

夜游乌镇西栅[1]

7月9日

乌镇大饼好合影，即登小船看夜景。
摇船大哥五十八，辛勤劳作飘白发。
一路灯光惟妙肖，最美景观桥里桥[2]。
富强文明又和谐，枕水人家[3]今又别。

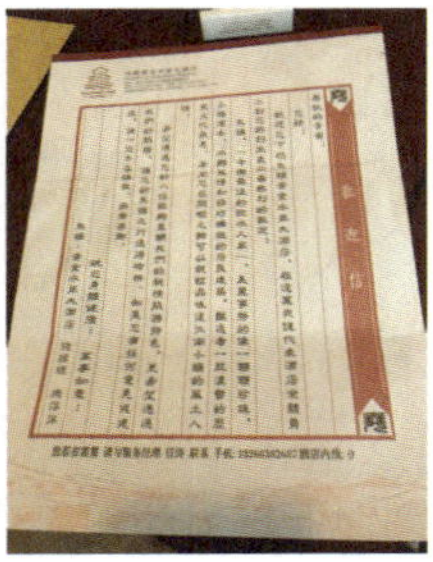

— 解析 —

郑教授游览江南水乡，乌镇的美好风光，特别是西栅的夜景，美不胜收。华灯初上，夜景纷呈，摇船的艄公，只见“灯轨”不见人，小船在水面上悄然滑过，只留下一丝光的轨迹、平静的水面，当然还有那桥里桥的风景，灯火阑珊处枕水人家的风姿。郑教授在诗中表达了对中国富强文明和谐的发展和人民安乐的赞叹，以及对美景流连忘返的不舍之情。

[1] 乌镇西栅：位于乌镇西大街，毗邻古老的京杭大运河，以原汁原味的水乡风貌和千年积淀的文化底蕴成为江南古镇风光中的佼佼者。
[2] 桥里桥：通济桥和仁济桥两桥成直角相邻，无论站在哪一边，都可以通过一个桥洞看到另一座桥，如同井中观月，故有“桥里桥”之称。
[3] 枕水人家：靠水边住着的人家，原为“枕河人家”，描述的是古苏州民居的风貌。

同心共圆中国梦[1]

7月9日

飞机延误五小时，头脑风暴旋风至。

顶层设计高空续，绝妙策划低调语。

异象分级世界萌，同心共圆中国梦。

一路奔走一路思，航空座椅笑我痴。

— 解析 —

郑教授在圆满结束博威五周年庆典行程后，由上海回公司，由于航班延误五小时，所以用诗记录下当时的所思所想。在航班延误期间，郑教授不急不躁，别有一番兴致地观察机场的景象，并思索感悟。对于如何策划目前公司要做的事，如何进行公司的顶层设计，郑教授有了初步构想，有待日后逐渐完善。这一切是间接实现中国梦的一部分，郑教授对中国梦的实现抱有无限的憧憬和信心。

[1] 中国梦：习近平总书记把“中国梦”定义为“实现中华民族伟大复兴”，是中华民族近代以来最伟大的梦想。

世纪金源饭店

7月23日

世纪金源大饭店[1]，白日黑夜风景现。

受邀清华再充电，无障设施五星店。

世纪金源二十年，如论[2]书法笑我癫。

河东河西今又见，首善安在天地间？

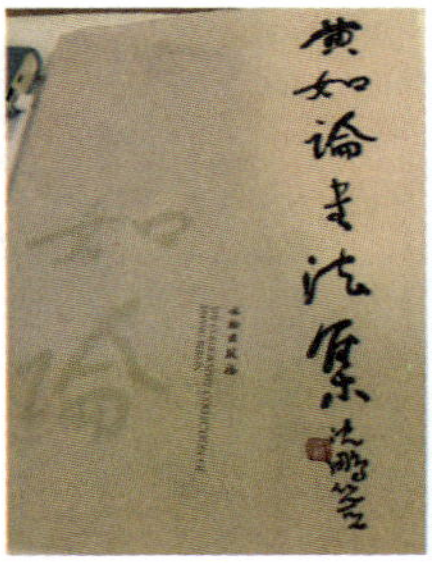

— 解析 —

2017年7月23日，郑教授前往北京世纪金源大饭店参加清华大学研修班学习。其间，郑教授感受到酒店无障碍设施的完备，并在诗中表达自己观赏黄如论书法进入如痴如醉的状态。2009年，黄如论荣登《福布斯》中国慈善榜榜首，同时成为“2009胡润慈善榜·单年子榜”的第一名，这也是胡润和《福布斯》发布慈善排行榜以来极为罕见地出现冠军为同一人的现象。

[1] 世纪金源大饭店：位于北京西部商业区，是一座现代化五星级商务酒店。

[2] 如论：这里指黄如论，旅菲华侨，高级工程师，闽江学院副董事长，现任世纪金源集团董事局主席。

游清华有感

7月24日

走进清华[1]门，就是清华人。
走出清华门，带走清华魂。
自强不息缘，厚德载物存。
餐盘见清纯，校车看校魂。
校训[2]处处存，大师课课问。

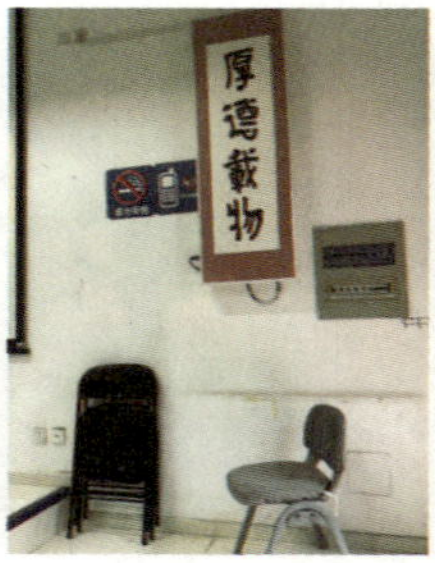

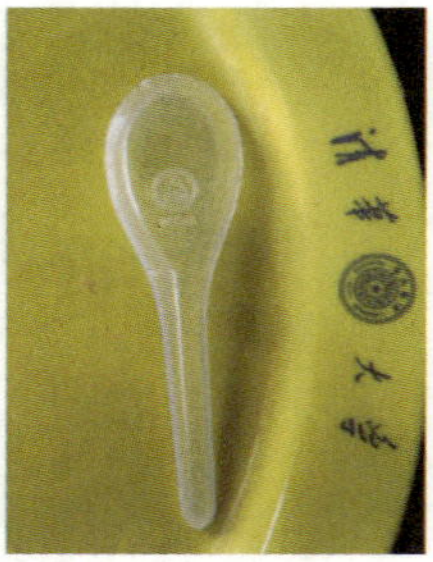

— 解析 —

本诗为郑教授参加清华大学研修班学习期间，游览清华大学校园所见所闻所感。郑教授参观清华大学校园，感受到浓郁的文化底蕴，在诗中表达出对清华大学校园文化和育人之道的称赞之情，同时也希望自强大学的建设能够从中汲取宝贵经验。

[1] 清华：清华大学，中国著名高等学府，坐落于北京西北郊风景秀丽的清华园，是中国高层次人才培养和科学技术研究的重要基地之一。
[2] 校训：清华大学校训——自强不息，厚德载物。

上京访友

7 月 24 日

平生五次上北京，厦航舒心服务精。
首都机场障碍清，近远机位畅通行。
辽宁大厦麒麟[1]英，四见老友好心情。
异岗同心中国梦，神思卓见细细聆。

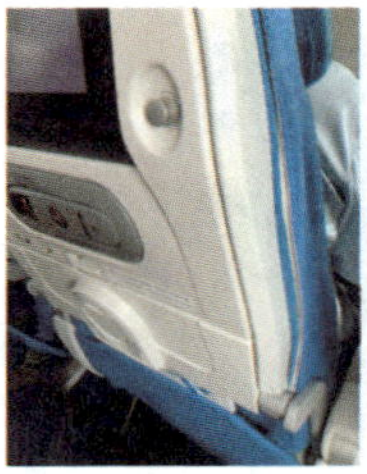

— 解析 —

2017 年 7 月 24 日，郑教授前往北京与好友相见并有感而作此诗。这是郑教授第五次到北京，称赞厦航的服务态度很好，机场无障碍设施以及座位都很便利。抵达北京，看到辽宁大厦酒店前威武的麒麟及好友，郑教授心情大好。交谈中，郑教授感慨虽然身处不同的岗位，但心中怀揣着中国梦，希望能早日实现自己的梦想。

[1] 麒麟：中国传统瑞兽，性情温和，传说能活两千年。古人认为，麒麟出没处，必有祥瑞。有时用来比喻才能杰出、德才兼备的人。

地球村落的感慨

7月26日

首都机场航站三，双臂伸展迎客欢。

转眼便见全日空[1]，二二柜台办理中。

翡翠小厨面充饥，优先搭乘七七七。

地球村落歇歇脚，东瀛[2]巷内稍稍聊。

— 解析 —

2017年7月26日，郑教授在首都机场转机赴日本。首都机场的三号航站楼宽敞明亮，一转眼便登上“全日空”航班，方便快捷的交通令郑教授感慨当今世界真是“地球村”。

[1] 全日空：全日空航空公司，简称“全日空”，是一家日本航空公司。
[2] 东瀛：日本的别称，位于亚洲大陆东岸外的太平洋岛国。

赴日本羽田机场所见

7月26日

北京东京[1]二千一，羽田机场[2]全日一。

无障设施处处通，两用轮椅内外通。

两人接送好自在，中英服务无障碍。

外交通道优先过，点头哈腰告别过。

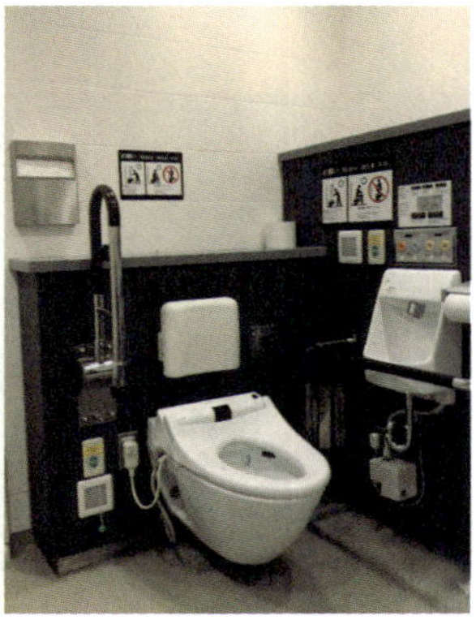

— 解析 —

2017年7月26日，郑教授赴日本考察。北京与东京相距2135千米。经过数小时的飞行，郑教授乘坐的飞机抵达日本羽田机场。羽田机场是日本第一大机场，而这里的无障碍设施和对残疾人的服务均十分到位，郑教授对此甚为满意。

[1] 东京：位于日本本州岛关东平原南端，是日本的首都和最大的城市，也是日本的政治、经济、文化和交通中心。

[2] 羽田机场：即东京羽田国际机场，位于日本东京都大田区东南端，多摩川河口的左岸，是日本最大的机场。

夜游东京塔

7月26日

东京塔[1]内灯光秀，千变万化惹人醉。
浪花汹涌奔腾过，彩带飞舞欢呼落。
一片蓝光星满天，疑似银河在人间。
更喜自强万里路，三军过后婆娑舞。

— 解析 —

2017年7月26日，郑教授前往日本考察，在东京塔内有感而作此诗。东京塔内的灯光秀丽，千变万化，似浪花奔腾，彩带飞舞，甚是美丽，一片蓝光满天星，美得好像银河。郑教授由此联想到自强大学之路虽万里远，但成功之后会更令人欢喜。

---

[1] 东京塔：东京地标性建筑物，位于东京都港区芝公园，主要用于发送电视、广播等各种无线电波，还会在大地震发生时发送JR列车停止信号，兼有航标、风向风速测量，温度测量等功能。

横滨漫步中华街

7 月 27 日

横滨漫步中华街，中华文化饮食解。

四大菜系[1]横空切，疑是国内饮食街。

技术进步见优劣，当学东瀛西学借。

科教强国何时越，中华硅谷[2]全球介。

— 解析 —

2017 年 7 月 27 日，郑教授参观日本横滨中华街。这条街是一条具有中华文化特色的美食街，有四大菜系，与国内的美食街相似。漫步横滨中华街，郑教授感慨于日本先进的科学技术，深感科教兴国战略的重要性，期待中华硅谷将遍布世界各地。

[1] 四大菜系：指鲁菜、川菜、淮扬菜、粤菜。
[2] 硅谷：原指高科技公司云集的美国加州圣塔克拉拉谷地，这里喻指中国的高科技发展。

夜游横滨

7 月 27 日

横滨[1]皇家公园店，摩天巨轮奇迹现。
夜观景象飘欲仙，五光十色瞬间变。
白日与之合影先，夜晚方知美无边。
顺时未知意志坚，逆境更显英雄艳。

— 解析 —

2017 年 7 月 27 日，郑教授考察日本期间抵达横滨，并作诗记录所见所闻。夜晚时分，摩天轮五彩灯光瞬息万变，相比白天的景色更加美丽夺目。诗中通过描绘黑夜中摩天轮的绚丽场景，引发郑教授对人生的感悟，白日为顺，黑夜为逆，在逆境中拼搏才能更加凸显不屈的可贵气概，人们应有勇于与困难抗争的精神品质。

[1] 横滨：位于日本关东地方南部，日本第二大城市。

赴横滨

7月27日

东京地铁赴横滨，安保专人护送频。
站台静候待车来，斜坡安放细心裁。
列车专位好悠哉，门外专人早等待。
弱冷车厢老弱宜，标志清晰淡妆宜。

— 解析 —

本诗记录了郑教授在日本东京搭乘地铁赴横滨时的所见所感。诗中描写了郑教授在日本搭乘地铁时，感受到地铁工作人员的贴心帮助，特别是为残疾人着想的举措，以及东京地铁无障碍设施的便利等。

横滨观恐龙

7月28日

恐龙日语像恐龟[1]，实则为竜非为龟。

恐龙大展横滨为，千四日元不嫌贵。

龟头饮料价更高，生意更好人流催。

创新不佳三年碎，恐龙身后奋力追。

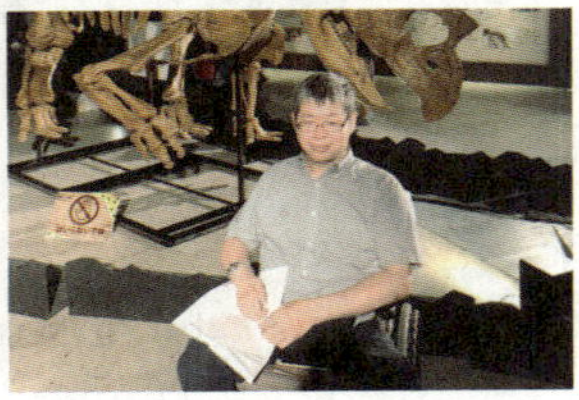

— 解析 —

2017年7月28日，郑教授一行赴日本考察期间参观了横滨恐龙展。“恐龙”的日语字形与“恐龟”相似，恐龟是一种已灭绝的海龟种类。4000日元的票价观展，郑教授觉得价格合理。相比之下，龟头饮料的价格较高，却吸引了更多的游客。郑教授通过参观新颖的恐龙展览，抒发自己内心的感受，诗的最后用诙谐幽默的语言表达了创新的重要意义。

[1] 恐龟：“恐龙”在日语里写作“恐龟”。

横滨港红砖仓库雄姿

7月28日

横滨花草夏日菁，一路养眼暑中冰。

红砖仓库[1]眼前清，江户时代[2]开放明。

亘古不变雄姿在，时尚用途景点赛。

无障设施跨时代，标志不忘艺术在。

出库眺望港未来，横滨港[3]边面大海。

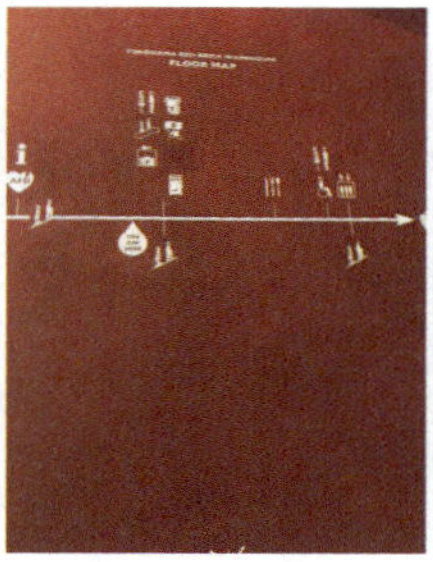

— 解析 —

2017年7月，郑教授一行赴日本考察期间游览了横滨景观。横滨的花草生机盎然，成为炎炎夏日中一道清凉的风景。红砖仓库如今也开发出了更多现代的商业用途，这里无障碍设施的人性化标记充满艺术感，十分令人惊喜。郑教授从横滨港远眺大海，心中充满对未来的无限希冀。

---

[1] 红砖仓库：建于明治末期至大正初期的仓库群，是象征横滨港发展的历史性建筑物。

[2] 江户时代：又称德川时代，是德川幕府统治日本的年代，是日本封建统治的最后一个时代。

[3] 横滨港：日本第二大港口，是世界亿吨大港之一，也是世界十大集装箱港口之一。

残障早圆出行梦

7月28日

横滨堪称无障城，坡缓栏多心更诚。

无障标志艺术真，市民让位情更真。

地标建筑七十层，层层畅通可奔腾。

免费折扣可凭证，残障早圆出行梦。

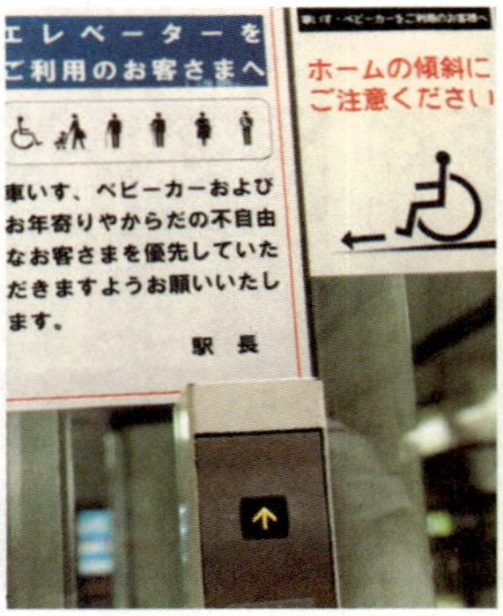

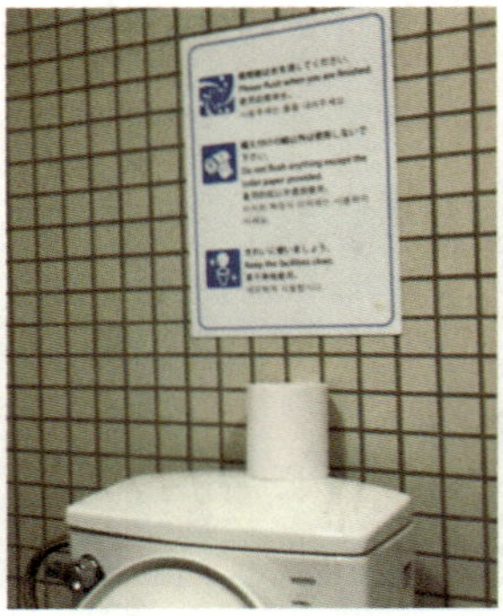

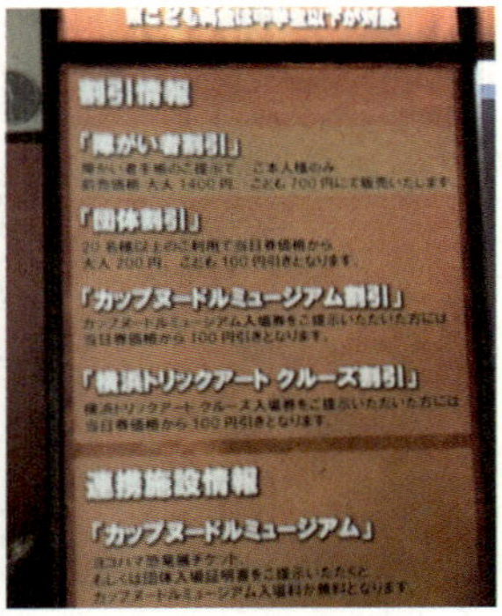

— 解析 —

2017年7月28日，郑教授考察横滨，用诗记录了对当地无障碍设施建设的所见所感。诗中写到了日本横滨无障碍设施的完备，当地市民的热情帮助及对残障人士需求的周到考虑，郑教授赋予横滨“无障城”的高度评价，同时也表达了对未来中国无障碍设施建设、残疾人便捷出行早日实现的期待。

细致入微体关怀

7月28日

访日考察无障碍[1]，收获颇多有感慨。

无障厕所多功在，便后洗手好自在。

电梯还备座凳来，应急用品按就开。

细致入微体关怀，人文景观标志爱。

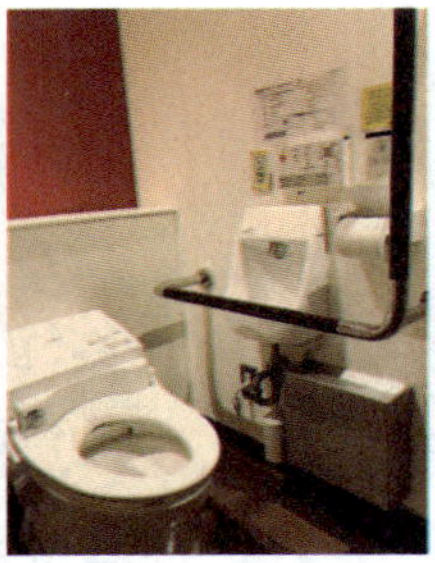
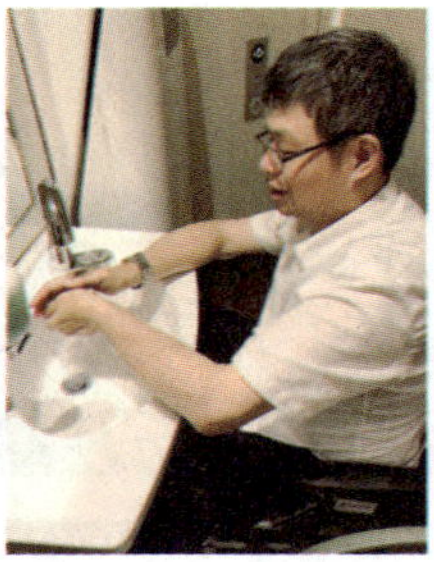
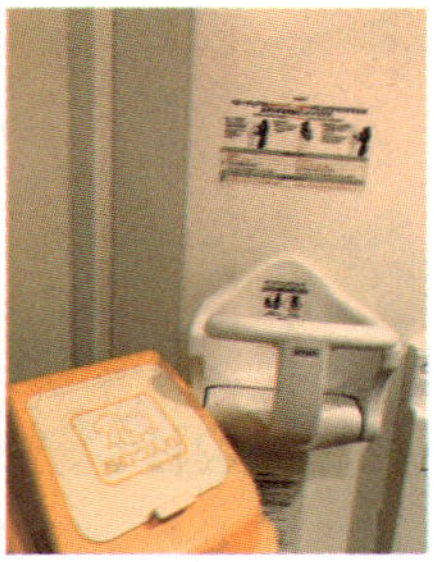

— 解析 —

2017年7月，通过此次对日本的考察，郑教授对无障碍设施的建设感受颇多。考察期间，郑教授留心考察无障碍设施的细节，体会到对残疾人细致的人文关怀。一切均有利于残疾人方便使用，尊重残疾人的使用习惯等，给予郑教授诸多启发。诗中，郑教授毫无保留地表达了对当地无障碍设施建设的由衷赞赏。

[1] 无障碍：指无障碍设施，是为了保障残疾人、老年人、儿童及其他行动不便者能够自主、安全、方便地通行和使用而建设的物质环境。

游东京塔

7 月 29 日

东京塔乃电波塔，埃菲尔塔[1]不如它。

标志建筑名不休，内外景致各千秋。

徒有其表终坏事，幸得内塔更极致。

人间更须志道合，自强路上求贤哲。

— 解析 —

2017 年 7 月，郑教授赴日本参观东京塔有感而赋此诗。东京塔内外兼备，不仅是地标建筑，还有许许多多的实用性功能，让郑教授联想到做人也应该内外兼修，丰富内涵，借此表达在自强大学筑梦路上，对志同道合之人的渴求，希望能有更多贤哲人士加入到自强大学的建设中。

[1] 埃菲尔塔：位于塞纳河南岸法国巴黎的战神广场，总高 324 米，是世界著名建筑，法国文化象征之一，巴黎最高建筑物。

繁忙的十字路口

7月29日

世界最忙十字路，成千上万人驻足。

绿灯一亮众汹涌，红灯一闪余奔雄。

涩谷[1]星巴[2]好瞭望，东京繁忙可见状。

晴雨风景皆有致，逆顺人生均感知。

— 解析 —

本诗为郑教授游览日本涩谷时有感而作。日本东京涩谷商业发达，人潮涌动，车水马龙，从十字路口的红绿灯看交通状态便可见一斑。晴天和雨天就像人生的顺境和逆境，均有自己独特的景致。

[1] 涩谷：位于日本东京都，全称涩谷区，是东京都内著名的繁华区之一。

[2] 星巴：即星巴克，来自美国的一家连锁咖啡公司的名称，1971 年成立，是全球最大的咖啡连锁店。

忠犬八公

7 月 29 日

涩谷忠犬八公[1]像，东京景点最失望。

吾言此评不公道，上野英三[2]更须跳。

十一寿命九年等，风雨无阻只为等。

聪明太多忠心少，秋田此犬更显妙。

— 解析 —

2017 年 7 月 29 日，郑教授前往东京涩谷，见到忠犬八公像有感赋诗一首。有人认为东京景点中涩谷忠犬像令人失望，郑教授认为此评论不公道。忠犬八公的主人上野英三郎如泉下有知，闻此评论，必定会生气得跳起来。忠犬八公十一年寿命中九年时光在等待，不论风雨险阻，都矢志不渝地等待着它的主人回来。反观如今同忠犬八公一样忠心的却少之又少，郑教授也由此渴望公司能有一大批像忠犬八公一样忠诚如一的人才。

[1] 忠犬八公：日本一条著名的秋田犬，因忠诚而富有声名。
[2] 上野英三：东京帝国大学的教授。

游明治神宫

7月29日

明治神宫[1]游览中，明治天皇[2]感叹中。

宫内花园行走随，残障免费一人随。

明治皇家钓鱼台，一路到来有宽台。

三五厘米小高度，轮椅推行尚能度。

— 解析 —

2017年7月29日，郑教授游览东京的明治神宫，感叹明治天皇的卓越成就。参观宫内的花园，残障人士免门票，并可以有一人陪同。在明治皇家的钓鱼台，一路到宽台，三厘米到五厘米的小高度，轮椅推着尚且能通过，这一切都体现了明治神宫对残障人士的尊重。

---

[1] 明治神宫：位于日本东京都涩谷区代代木的神社，供奉有明治天皇和昭宪皇太后，是日本神道的重要神社。

[2] 明治天皇：日本第122代天皇，孝明天皇的第二子，在位45年，是近代日本改革最为显著的时期，他的名字是日本兴盛和崛起的标志。

观东京大学有感

7月30日

东京大学[1]亚洲首，一百四十春与秋。

红门古董历史久，正门仍无招牌留。

拱门多多砖墙旧，无障改造皆已就。

安田讲堂[2]似钟楼，银杏大道梦想留。

－解析－

2017年7月30日，郑教授参观东京大学，用诗句表达内心的感慨与启发。东京大学作为日本最高学术殿堂，经过了140年风风雨雨。这里红门、拱门众多，砖墙年代感十足，连正门都无招牌，安田讲坛看起来像钟楼。行走在银杏大道上，郑教授回想了当日所见所感，再次激起对实现自强大学梦的渴望。

[1] 东京大学：一所本部位于日本东京都文京区的世界级著名研究型国立综合大学。
[2] 安田讲堂：位于东京大学本乡总校区，正式名称为“东京大学大讲堂”。

奔椿山庄

7 月 30 日

都厅前站地铁佳，扶梯之前按钮压。

职员到来路封起，扶梯停下变直梯。

身后护送缓缓上，登车直奔椿山庄[1]。

专程考察无障碍，自强大学更可爱。

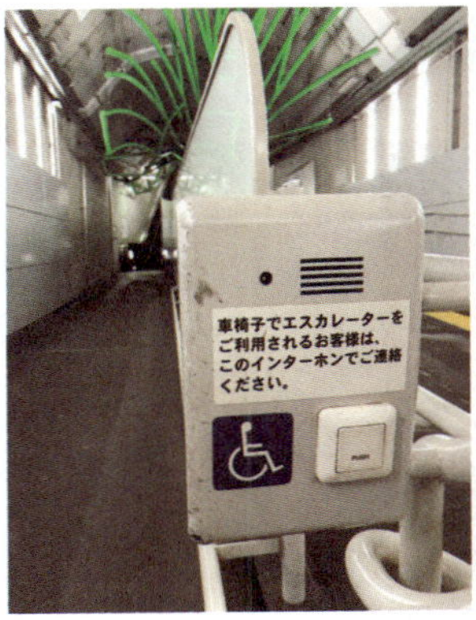

— 解析 —

本诗表达了 2017 年 7 月 30 日郑教授入住东京椿山庄酒店时的感受。都厅前站的地铁设施先进，下扶梯之前先按压按钮，职员会根据需要把前面的通道进行封闭，扶梯停了下来变成直梯，缓缓将郑教授一行送至相应楼层，郑教授一行上了车子后便直奔椿山庄。此番赴日本专程考察无障碍设施项目，为建设自强大学无障碍设施积累经验，相信未来自强大学的无障碍设施将愈加完善、愈加人性化。

[1] 椿山庄：东京的一家大酒店。

京王广场大酒店[1]

7月30日

京王广场大酒店，停泊多日终再见。

十层台阶五缓坡，手摇轮椅亦好过。

树林餐厅早餐立，即被引导专用梯。

缓缓上升安全一，专人护送无缝隙。

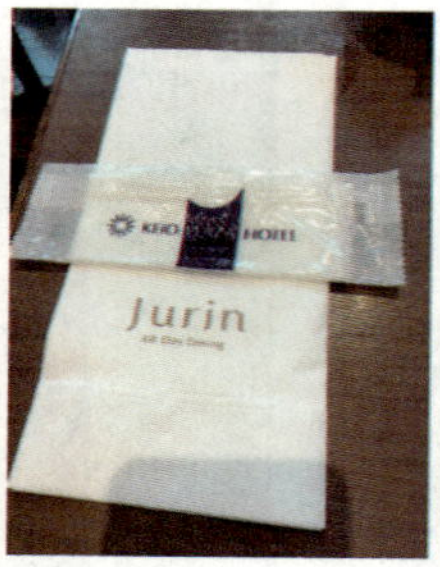

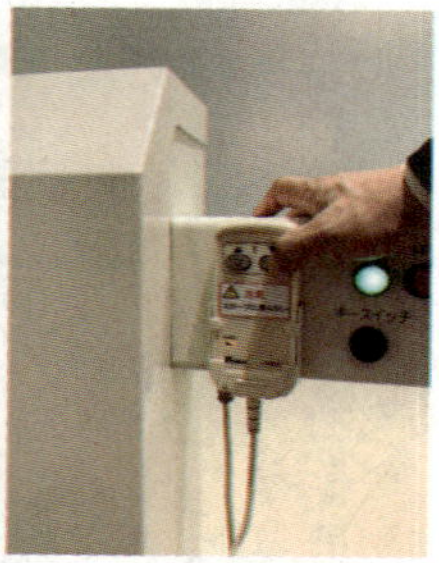

—解析—

2017年7月30日，郑教授入住京王广场大酒店，逗留了多日，最终还是要说再见。京王广场大酒店内，即使是十层的台阶，手摇椅在缓坡上仍可以顺利通行。在这里，一路都有残障人士专用的通道，有专人护送，无处不体现出对残障人士的关爱。

---

[1] 京王广场大酒店：指东京京王广场酒店，四星级。

千代田区[1]观皇居[2]

7月31日

千代田区观皇居，夕阳西下半月居。

天皇不知我车驱，无障厕所先应需。

皇居外苑添情趣，二重桥旁思故居。

远观高楼灯光聚，诸葛可知天象续？

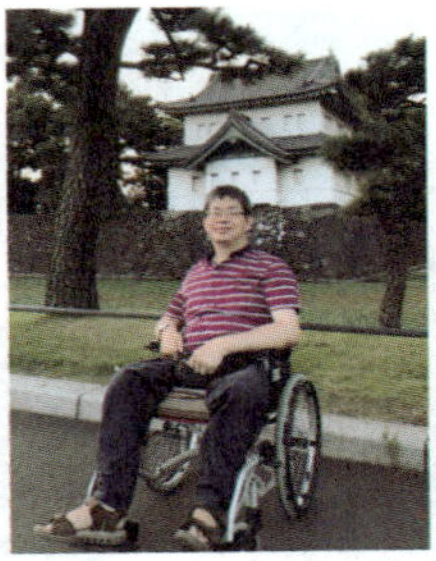

— 解析 —

2017年7月31日，郑教授抵达千代田区参观皇居，记录下在这里的所见所感。傍晚时分，郑教授观光皇居。皇居内的无障碍厕所能轻松解决残疾人的生理需要。浏览皇居外苑，此处可以看到横跨在护城河上的二重桥，虽然不能上去，但却是游客能看到的皇居最内部的景观。看着远处的高楼灯光，郑教授不禁联想到能观星象的诸葛孔明。

[1] 千代田区：东京都内23个特别区之一，区内有日本天皇的住所——皇居、日本国会（永田町）、警视厅、最高裁判所（最高法院）、靖国神社与大部分设置在大手町的中央省厅（中央行政单位）等，因此该区可说是日本的政治、经济中心。

[2] 皇居：位于东京千代田区。在明治维新，江户幕府结束并由明治天皇取回管治权后，日本首都由京都迁移至江户，并易名为东京，前江户城则被改为天皇的居所。

东京晴空塔[1]（一）

7 月 31 日

塔内塔外多合影，晴空塔外有倒影。

塔上塔下多商机，晴空塔下有珠玑。

处处皆有优先梯，点点不缺拍摄机。

访日考察近尾声，微信电话听呼声。

— 解析 —

2017 年 7 月 31 日，郑教授参观东京晴空塔，看到晴空塔外的倒影，忍不住在塔内塔外合影留念。东京晴空塔商机无限，随处可见的无障碍优先电梯，每个景点都有拍摄。此时，访日考察的行程接近尾声，郑教授迫不及待想将此次收获分享给自强大学梦之队的伙伴们。

---

[1] 东京晴空塔：又译为东京天空树，是位于日本东京都墨田区的电波塔。

东京晴空塔（二）

7月31日

晴天造访晴空塔，全球仅次哈利法[1]。

三脚结构天空树，六三四米巧妙数。

千人排队为购票，幸遇引导优先道。

但见东京繁华景，更愿自强军如潮。

— 解析 —

2017年7月31日，天气晴，郑教授造访东京晴空塔，晴空塔高634米，是目前世界第二高的建筑物，仅次于迪拜的哈利法塔。郑教授一行抵达之时，买票的队伍已排成长龙，幸而发现无障碍优先通道，才得以快速进入塔内。塔顶所见东京之景如毛发般细密，由此，郑教授希望自强大学梦之队能愈加壮大。

[1] 哈利法：即哈利法塔，又称迪拜大厦或比斯迪拜塔，高828米，是世界第一高楼与人工构造物。

自强大学中华梦

7 月 31 日

四通八达盲道间，视障通行无障间。

直梯坡道扶梯前，轮椅出行永向前。

无障标配世界行，残障共融大爱行。

自强大学人文情，中华大梦共激情。

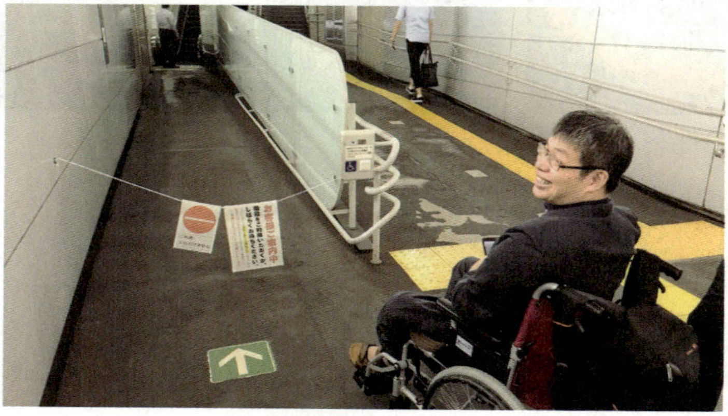

— 解析 —

2017 年 7 月 31 日，郑教授赴日本考察，亲身体验日本完善的无障碍设施，感受这里的人文关怀。在日本，盲道四通八达，行走其间，有直梯，有坡道，就算轮椅出行亦可以勇往直前。无障碍标配在世界各地都有，残健融合是大爱。自强大学人文情怀，这是中华民族的大梦，需共同激情奋战。

日本艺术宗教

7月31日

江户风格浅草寺[1]，日本门脸最古寺。

如来不如观音大，公正无私民望大。

日本艺术宗教间，各有千秋世俗间。

难得寺庙设施全，电梯直通庙宇间。

— 解析 —

2017年7月31日，郑教授赴日本考察期间参观浅草寺，了解日本的宗教艺术。浅草寺内，如来佛像不如观音像大，可见在日本公正无私的观音形象享有更高的名望。日本的宗教艺术，各有千秋。难得寺庙无障碍设施如此齐全，乘坐电梯可以直通庙宇的各个区域，郑教授甚是惊喜。

[1] 浅草寺：位于东京台东区，是日本现存的具有江户风格的民众游乐之地，是东京都内最古老的寺庙。

登东京都厅展望台

7月31日

东京都厅展望台，五十五秒上高台。

俯瞰东京全景致，未见小池百合子[1]。

东京首任女市长，全球十四经济长。

雨天朦胧晴空塔，横型替代终有它。

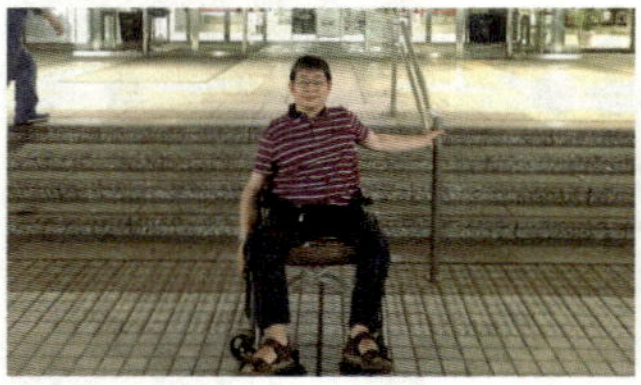

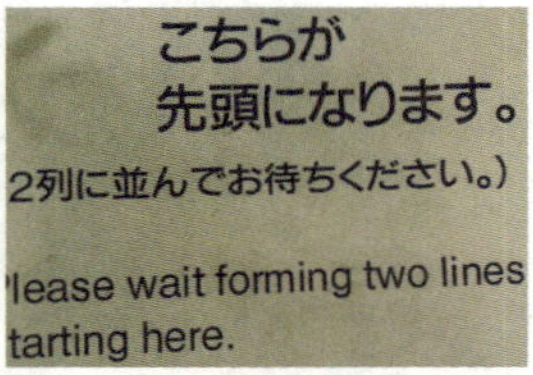

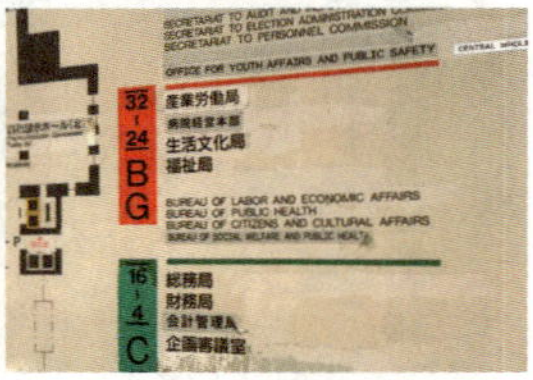

— 解析 —

本诗为2017年7月31日郑教授在东京都厅展望台有感而作。在东京都厅展望台，短短55秒即可登上高台，俯视东京景致，将美景尽收眼底。此行没有见到小池百合子女士，她是东京的首任女市长。东京成为全球十四大经济体，各方面发展态势良好。

---

[1] 小池百合子：东京都知事，即东京市长。

椿山庄

8月1日

椿山庄[1]里好下榻，庭园酒店可称霸。

亚洲第一名有虚，早餐千元未敢趋。

泡面一碗味更佳，花草养眼实惠加。

传言梦圆椿山庄，青春年少可盛装。

— 解析 —

2017年8月1日，郑教授参观椿山庄公司有感而赋此诗。椿山庄庭园酒店，是日式庭园风格的山庄酒店，有山有水，曲径通幽，四季常绿，秋叶醉红，景色十分迷人。但这里一顿早餐费用颇高，令人望而却步。看着眼前养眼的精致花草，郑教授觉得此时手中的泡面更加美味。听说椿山庄能许愿圆梦，郑教授笑谈年轻人可盛装前来尝试一番。

[1] 椿山庄：日本著名的历史保护公园，东京地标之一。

感恩一切平安

8月2日

淘宝预定显神通，华人师傅专车送。

成田机场旅馆中，最后一晚待机中。

半夜醒来楼晃动，疑是地震四级中。

清晨醒来阳光充，感恩一切平安中。

— 解析 —

2017年8月2日，郑教授乘华人师傅专车前往成田机场，在旅馆度过了日本之行的最后一晚。其间，郑教授感受到了淘宝线上功能的强大。夜宿旅馆，半夜遇四级地震，楼梯晃动。清晨醒来，阳光充足，郑教授感恩一切平安顺利。

以人为本

8月2日

回程再乘全日空，成田机场[1]迎接中。

轮椅乘客服务台，尺寸适中正高矮。

场内设施全配套，十亿乘客早达到。

无障规章五年到，以人为本是正道。

— 解析 —

2017年8月2日，郑教授结束了对日本的考察，并乘坐全日空航班回国。在机场，郑教授感慨成田机场设施配套齐全，服务方便周到，而无障碍设施更是五年前就已经规划到位，一切体现以人为本的理念。

[1] 成田机场：即东京成田国际机场，位于日本关东地区，是日本最大的国际航空港。

中国最美葡萄沟

8月5日

中国最美葡萄沟，福安溪塔葡萄沟[1]。

长廊斜靠椅旁留，艳阳直射眼底收。

千年葡萄价金秋，万丈雄心值全球。

王总[2]慷慨赠礼厚，战略合作看今后。

— 解析 —

2017年8月4日，漳州市安提阿投资咨询有限公司投资人偕家人及亲属70余人到福安象环万亩葡萄园、溪塔葡萄沟等地旅游观光，同时对福建吉祥生态农业有限公司进行考察。关于葡萄，“北有吐鲁番，南有闽福安”，福安被誉为“南国葡萄之乡”，象环葡萄有“甜过初恋，香过蔷薇，美过杨贵妃”“满架高撑紫络索，一枝斜弹金琅珰”的美誉。郑教授通过这次福安之旅，亲自品尝到福安葡萄的鲜美，并通过与王总的沟通，对双方战略合作充满信心。

[1] 福安溪塔葡萄沟：指位于福建宁德福安市的溪塔葡萄沟，有“中国最美葡萄沟”之称。

[2] 王总：这里指福建吉祥生态农业有限公司总经理王进峰。

万年地质博物馆

8月5日

携众同往白云山[1]，地质公园博物馆。

喜遇坡道直梯参，悲逢台阶艳阳贪。

白云园区游览叹，畲族文化忠勇赞。

万年地质一瞬间，滴水穿石破千山。

—解析—

2017年8月5日，郑教授一行游览宁德白云山，被白云山的美景及奇观折服。白云山有五个游览景区，分别为白云山、九龙洞、龙亭峡谷、黄兰峡谷和金钟山景区，为国家级风景名胜区、国家地质公园和世界地质公园。景区内有独具特色的地质奇观，秀丽多姿的山岳、峡谷风光，美妙神奇的“佛光”胜境，稀有多样的生物种群，古老多源的畲族文化传承。郑教授感叹造物主的神奇，以及滴水穿石的奇妙。

[1] 白云山：宁德白云山因白云常绕而得名，主峰天池山素有“闽东第一高山”之称。

廉村的传奇

8月5日

福安宝地红利分，安提阿人访廉村[1]。

帝赐廉明第一村，唐传文化荫子孙。

八闽首进薛令之[2]，后有一门五进士[3]。

百姓祭拜明月祠，可见廉明胜宝石。

— 解析 —

2017年8月5日，郑教授到访福安，文化底蕴深厚的廉村引发了郑教授很深的感触。廉村是个神奇的地方，出现过开闽进士薛令之，且为官清廉。自唐至清获取各种功名者共50多人，北宋大观三年(1109)到南宋宝祐三年(1255)的146年间，有进士23人，出现(陈雄)一门五进士、父子兄弟三代俱登高第的奇迹，被御赐“廉村”，可见读书、做官廉明多重要，胜宝石。

[1] 廉村：位于福建宁德福安市溪潭镇。廉村原名石矶津，是唐朝福建第一个进士薛令之的故乡，廉村被喻为开闽进士第一村。

[2] 薛令之（683—756）：字君珍，号明月，闽地中举入仕第一人。唐开元中期，薛令之被授左补阙之职，并与贺知章同为太子侍讲。

[3] 一门五进士：指宋朝陈雄一门五进士、父子兄弟三代俱登高第的奇迹。

健康成就大未来

8月6日

才把福安葡萄带，又食南靖航天菜。

股东大会信望爱，二次聚会智慧在。

太空南瓜特大栽，首见砍瓜别心裁。

智慧农业无公害，健康成就大未来。

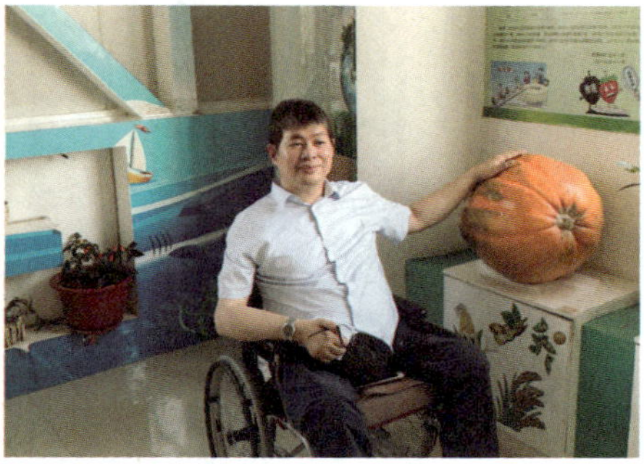

— 解析 —

2017年8月6日，福建省信望爱电子商务有限公司投资人集体参加了南靖源兴生态农庄一日游活动。源兴生态农庄作为航天蔬菜漳州试验示范基地，无公害蔬菜的生产、包装、农残检测，无害化监控过程的每一个环节，工作人员都耐心地为各位投资人进行讲解。社会在进步，科学在发展。何为“智慧农业”？这一切在源兴生态农庄得到很好的见证。

托养康复创未来

8月10日

平生首次访大连，机场先访卫生间。

中肢青工接站先，三人回味直梯间。

无障服务专车来，轮椅进车方便来。

托养康复创未来，全国首创感恩来。

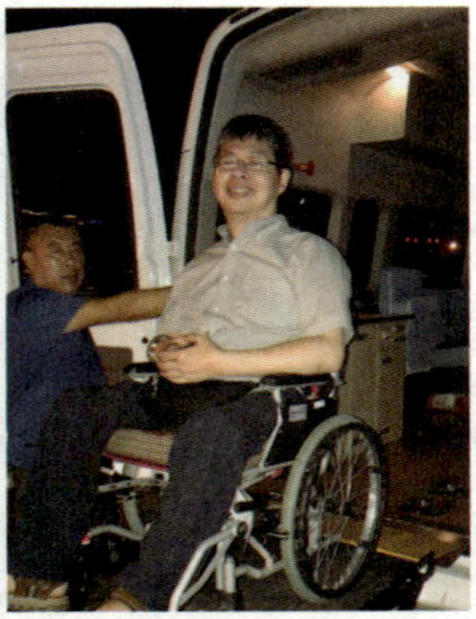

— 解析 —

2017年8月10日，郑教授应邀参加在大连举办的东北财经大学无障碍发展研究中心成立仪式暨首届无障碍学术大讲堂。郑教授首次到大连，对大连的设施、接待工作称赞有加，特别是对残疾人的无障碍设施服务更是深有感触，对于托养康复也产生了浓厚的兴趣。

无障碍的融合

8月11日

感恩大东财[1]，促进无障碍。

主席[2]有大爱，书记[3]常关爱。

市长[4]指导在，专家讲堂彩。

感恩吕博士[5]，奔走无障碍。

校园无障碍，学子可自在。

心灵无障碍，处处充满爱。

大美无障碍，环境添光彩。

人文无障碍，设施倍感爱。

融合无障碍，祖国最可爱。

— 解析 —

2017年8月11日，郑教授应邀参加东北财经大学无障碍发展研究中心成立仪式暨首届无障碍学术大讲堂。会上，中国残联副主席吕世明、东北财经大学党委书记郝本伟和大连市副市长郝明均发表重要讲话，郑教授做了主题演讲。郑教授十分感激东北财经大学促进无障碍设施建设的研究，感谢有关领导的关注指导。校园里的无障碍可以让残疾学子自由奔走，而心灵上的无障碍会使社会充满爱，希望通过无障碍设施建设，促进残健互助，建设可爱祖国。

[1] 东财：指东北财经大学，位于辽宁省大连市，是财政部、教育部和辽宁省人民政府共同重点建设的高校。

[2] 主席：这里指中国残疾人联合会副主席吕世明。

[3] 书记：这里指东北财经大学党委书记郝本伟。

[4] 市长：这里指大连市副市长郝明。

[5] 吕博士：这里指东北财经大学无障碍发展研究中心主任吕洪良博士。

志同道合

8月12日

恒隆广场[1]有气势，邀我午茶吕博士。

英式茶屋有品质，音乐台阶显气质。

人生经历有相似，无障路上好同志。

大爱包容真博士，大学大爱首标志。

—解析—

2017年8月12日，受东北财经大学无障碍发展研究中心主任吕洪良博士的邀请，郑教授前往大连恒隆广场安薇塔英国茶屋品茶，有感而赋此诗。诗中表达了郑教授对高大气派的大连恒隆广场安薇塔的赞美，感慨人生就像是走台阶，一步一步往上走。与此同时，夸赞东北财经大学的吕博士有大爱，有包容心，并提出大爱是大学的首要标志。

[1] 恒隆广场：位于大连市西岗区五四路66号，建筑面积23万平方米。

智慧创新创业魂

8月12日

陆路[1]邀我访公司，习军文化传媒司。

路在脚下行就直，不顺也顺众相持。

巧遇福州两同人，一路携手向前奔。

残障出行创业魂，智慧创新开大门。

— 解析 —

2017年8月，郑教授出差大连期间，受习军文化传媒公司总经理陆路的邀请前往公司参观学习。其间，郑教授领悟创残障出行要靠智慧来创新。此外，郑教授感怀人生之路就在脚下，要勇敢坚定地迈出每一步，仁人志士相帮助，前方的道路将会平坦顺直。

[1] 陆路：郑教授的好友，习军文化传媒公司总经理。

残障出海共沐爱

8月12日

金石号船狮领排，无障专车来近海。
金石滩[1]旁好亲海，帐篷多多人山海。
再尝海鲜一排排，味美价廉亦享海。
残障出海将无碍，同心共沐祖国爱。

— 解析 —

本诗为郑教授一行游览大连金石滩国家级旅游度假区的所见所感。2017年8月12日，郑教授乘坐无障碍专车来到金石滩参观，品尝味美价廉的海鲜美食，一览美如画的自然风景，看着海滩上错落有致的帐篷，川流不息的人群，感受到这里暖暖的人文关怀。郑教授借此诗表达祖国日益强大，令残障人士可以出海游玩的喜悦之情。

[1] 金石滩：国家级风景名胜区，国家级旅游度假区，国家AAAAA级旅游景区，国家级地质公园，位于大连市区东北部。

前事不忘后事师

8月12日

日俄监狱[1]看旧址，前事不忘后事师。
安重根[2]乃朝志士，文武双全勇斗士。
教育救国殚精志，刺杀伊藤[3]大快事。
朝韩共奠义勇师，中山两岸念恩师。

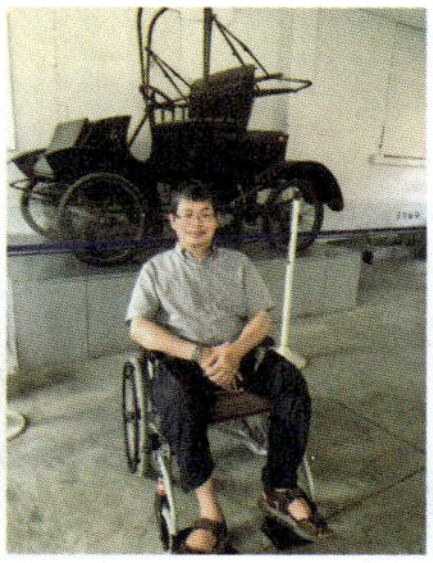

— 解析 —

2017年8月12日，郑教授参观日俄监狱旧址有感而赋。郑教授当时联想到落后就要挨打的经验教训，感“勿忘国耻”“勇于担当”之责。朝鲜勇士安重根乃能人志士，文武双全，为了国家兴亡，先是用教育救国，后刺杀伊藤博文，英勇就义，令人动容，值得人们铭记和纪念。

[1] 日俄监狱：指旅顺日俄监狱旧址博物馆。
[2] 安重根（1879—1910）：朝鲜近代史上著名的独立运动家，暗杀日本政治家伊藤博文的刺客。
[3] 伊藤：指日本前首相伊藤博文。

白玉山[1]感怀

8月12日

感恩陆总[2]好安排，服务专车无障碍。

旅顺口区[3]白玉山，辽东半岛[4]最南端。

白玉山塔看大连，无限风光尽入眼。

百年耻辱全洗净，强国强军中华兴。

— 解析 —

2017年8月12日，郑教授一行在陆总细致周到的安排下到访白玉山。白玉山位于大连市旅顺口区城区中央，登上白玉山顶，旅顺口军港及市区风光尽收眼底，是观赏旅顺城市全貌和旅顺军港的最佳地点。郑教授此时心中因由百年之前甲午战败的耻辱全部烟消云散，祖国强军强国之路正在大步向前，欣喜不已、感慨万千。

[1] 白玉山：位于大连市旅顺口区城区中央，海拔165米，原名“西官山”。

[2] 陆总：这里指陆路，也是原81356部队学雷锋标兵——崔奕，曾在执行任务中发生车祸，变成植物人，然后在各方的帮助下，开始进行康复训练，十年的康复训练让其重新融入社会。

[3] 旅顺口区：隶属于辽宁省大连市，位于辽东半岛最南端，旅顺口区是国家级风景名胜区，国家级自然保护区，国家级森林公园。

[4] 辽东半岛：位于辽宁省南部的一座岛屿，与山东半岛、雷州半岛合称“中国三大半岛”。

金秋助盲人

8月16日

来往闽清[1]五时辰，只为金秋助盲人。
人生虽苦大爱存，知识可为光明棍。
感恩柯理[2]高水准，服务残人热心真。
感佩永澄[3]超人甚，扶贫助残更精准。

— 解析 —

2017年8月16日，郑教授受邀赴闽清县参加2017年福建省、市、县盲人协会三级联创活动。在郑教授看来，公益之路没有捷径，公益之路任重道远。虽然漳州到闽清路途遥远，但无法阻止自己前进的步伐。人生不易，郑教授大爱永存，他要用知识作为文明之棍，去探索，去扶贫助残。

[1] 闽清：位于福建省东部，西毗尤溪县，距省城福州50千米。闽清县是福建省重点侨乡之一。
[2] 柯理：这里指福建省残联理事长柯少愚。
[3] 永澄：这里指福建省盲人协会主席王永澄。

金砖会议[1]联想

9月4日

十年金砖起高楼，廿三自强尚行走。

孤举难起从前事，众行易趋未来谋。

求同存异金砖容，弃离谋合才德厚。

胸怀天下中国梦，立己达人壮志酬。

— 解析 —

2017年9月3日至5日，第九届金砖会议在厦门召开，郑教授有感特赋诗一首。郑教授对习近平主席出席开幕式发表的主题演讲深有所感，对“平等相待、求同存异”“务实创新、合作共赢”“胸怀天下、立己达人”这三条深有感触，也由此联想到自己坚持20多年的自强大学梦壮志未酬，需要社会上的仁人志士携手努力，这也是实现中国梦的一部分。

[1] 金砖会议：指金砖国家峰会，是由巴西、俄罗斯、印度、南非和中国五个国家召开的会议。2017年9月3日至5日，金砖国家领导人第九次会晤在中国福建厦门举办。

两岸股权[1]三司现

9月19日

九月一九好日子，百人齐聚鸣锣式。

两岸股权授牌时，喜迎合规三公司。

二〇一七规范年，支部工会建立先。

挂牌倒逼规范建，下属公司创优先。

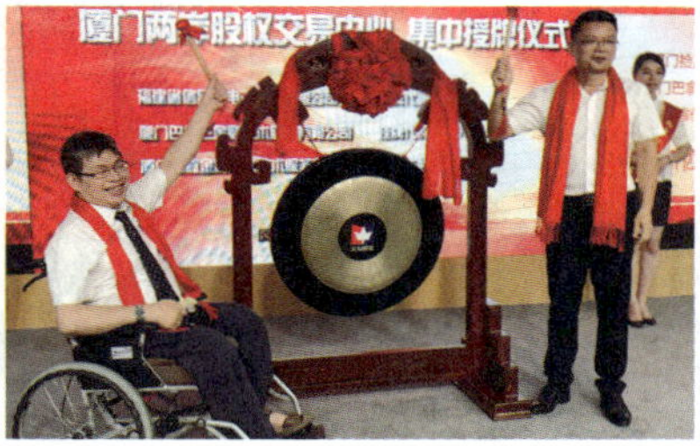

— 解析 —

2017年9月19日，厦门拾嘉金融信息技术服务有限公司、厦门巴拿巴金融技术服务有限公司、福建省信望爱电子商务有限公司，在厦门两岸股权交易中心举行了简单而隆重的集中签约授牌仪式。郑教授作为三家子公司的总公司董事长出席授牌仪式。看着三家企业集中签约授牌，郑教授欣喜万分。2017年是企业发展的规范年，继党支部、工会成立后，旗下的三家子公司挂牌，未来企业经营将更加规范，为其他子公司创造更好的契机。

[1] 两岸股权：指厦门两岸股权交易中心。

夕阳西下风景佳

9月19日

挂牌庆典将军府[1]，府外清风好相处。

五缘桥[2]边谁做主，夕阳西下景更独。

— 解析 —

2017年9月19日，郑教授出席厦门拾嘉金融信息技术服务有限公司、厦门巴拿巴金融技术服务有限公司、福建省信望爱电子商务有限公司集中签约授牌仪式后，抵达厦门五缘湾将军府酒楼参加庆典晚会。将军府酒楼外清风怡人，站在五缘湾大桥上，夕阳余晖美不胜收。海滩、大桥、夕阳、海风、蓝天、白云，郑教授深感这里风景独好，也由此景祝愿三家公司明天会越来越好。

---

[1] 将军府：厦门五缘湾附近的一家酒楼。

[2] 五缘桥：又称“钟宅大桥”，为五座五缘湾大桥之一，位于厦门岛东北部填海造地形成的内海湾出海口与浔江港之间，两端接环岛路道路工程五通造地区和墩上造地区。

健康基石健康至

9月21日

数月再逢麻博士[1]，重德多才正合适。
认识生命健康至，恩典常在你我识。
健康基石今再赐，得胜活流君可知？
弟兄姐妹携手势，前路漫漫云柱至。

— 解析 —

2017年9月21日，漳州得胜养生会馆举行了主题为“关爱自己，健康生活”健康讲座。福建所罗门投资有限公司董事长郑声滔教授、得胜健康管理中心养生顾问麻重德博士等30多人参加了本次讲座。讲座上，麻博士为到场的人员普及了诸多健康常识，并详细地介绍了得胜活流电的效用，让大家深刻体会到健康的身体是成功的基石，没有健康，何来成功之说。最后，郑教授表示愿与各位兄弟姐妹齐心协力，携手前行，即使前路漫漫，但终有一天可以到达胜利的彼岸。

[1] 麻博士：这里指得胜健康养生馆的麻重德博士。

不忘职责勤奔走

9月23日

夜乘动车赴清流，夜静人稀检票口。

冠豸山[1]站转车久，凌晨清流宾馆留。

胡副县长[2]盛情久，关爱残障为民修。

基层残联缺人手，不忘职责勤奔走。

— 解析 —

2017年9月23日，郑教授赴清流县办理企业事宜，受到胡立峰副县长的热情接待。为了赶时间，郑教授夜间乘坐动车前往清流，凌晨时分到达清流宾馆。途中，在动车站及其他地方，因残障设施及服务人员的缺失，造成了很大的不便，郑教授感触颇深。为了让残疾人出行更方便，为了残疾人事业的发展，郑教授依旧不忘初心，努力工作，尽己所能献上自己的一份力量。

[1] 冠豸山：旧称“莲峰山”，位于中国福建省龙岩市连城县城东1.5公里处，福建省十佳风景区。

[2] 胡副县长：这里指三明市清流县副县长胡立峰。

豪情万丈自强业

9月23日

三访清流因双叶[1]，北斗山[2]水又相接。

千叶百肽[3]进展烈，庄博[4]才思更敏捷。

李总[5]矿泉实专业，宾馆沉思实体业。

江董[6]亲力更敬业，豪情万丈自强业。

— 解析 —

为了福建双叶生态农业科技股份有限公司各项事业的发展，郑教授三次前往清流县指导、洽谈工作。此番行程，北斗山富锶矿泉水项目有了新进展，千叶百肽项目进展得轰轰烈烈，郑教授感叹庄博士才思敏捷，李总做事专业，江董事长敬业又有亲和力，对各位为实体强业豪情万丈、充满激情忘我工作的状态甚感欣慰，并表示自强事业一定会成功辉煌。

[1] 双叶：这里指福建双叶生态农业科技股份有限公司。

[2] 北斗山：这里指福建北斗山富锶天然矿泉水有限公司。

[3] 千叶百肽：这里指福建千叶百肽生物科技有限公司。

[4] 庄博：这里指福建千叶百肽生物科技有限公司董事长庄为笕博士。

[5] 李总：这里指台湾红大妈集团董事长李宗熙。

[6] 江董：这里指福建双叶生态农业科技股份有限公司董事长江俊声。

双叶周年庆有感

9月23日

双叶周年旭日升，众多领导风采增。

部长[1]祝贺日月更，合作单位大帅增。

数月不见万象更，生产线上新机增。

更喜巧玲[2]形象更，主持新星素质增。

— 解析 —

2017年9月23日，福建双叶生态农业科技股份有限公司成立一周年，郑教授与会祝贺。双叶公司周年的庆典上，众多领导莅临，清流县统战部部长马方明到会并祝贺公司欣欣向荣、日新月异。短短几个月的时间，双叶公司万象更新，生产线上新增设备机声隆隆。林巧玲经理在周年庆典上一展主持风采，虽为主持新星，但主持风格新颖，礼服加身，形象气质更佳，令郑教授十分惊喜、印象深刻。

---

[1] 部长：这里指清流县统战部部长马方明。

[2] 巧玲：这里指福建声滔实业投资集团企划外联部经理林巧玲，本次庆典的主持人之一。

双叶庆典八喜临

9月23日

双叶庆典八喜临，江董致辞振奋频。

雄师二百似万民，谁解背景细节心。

— 解析 —

2017年9月23日，郑教授受邀出席福建双叶生态农业科技股份有限公司成立一周年庆典。庆典上，双叶公司董事长江俊声振奋人心的致辞，八喜临门的惊喜，令郑教授感到这支二百人的雄师犹如万人般强大。郑教授观察到庆典背景上有一个轮椅形象的小细节，令他感慨颇深。

周年庆典

9 月 23 日

岁月如梭挡不住，越剧[1]姑娘彼十五。

如今为奶青春驻，一展歌喉仍十五。

场面轰动众人呼，江董夫人更众出。

适逢庆典旭日出，谢幕登台更威武。

— 解析 —

2017 年 9 月 23 日，福建双叶生态农业科技股份有限公司成立一周年上，特色越剧表演令众人印象深刻。那些越剧女演员入职时才 15 岁，如今都已五六十岁，但仍然像十五六岁的年轻姑娘。表演现场高潮迭起，而江董夫人的出场更是赢得满堂彩。“旭日东升，筑梦双叶”，谢幕台上精英荟萃，威武雄壮。

[1] 越剧：中国第二大剧种，有“第二国剧”之称，又被称为“流传最广的地方剧种”。

知己

9月23日

三明学院江校长，专抵清流来探望。

平易近人大学长，学生工作金点创。

— 解析 —

2017年9月23日，郑教授去三明清流出差。其间，时任三明学院副校长的江芳俊研究员专程抵达清流慰问郑教授。在郑教授看来，江副校长是一位平易近人的学长，并在学生工作方面有着诸多独到见解，郑教授深受启发。

隧道情

9月24日

清流漳州小车行，一路体验隧道情。

三个小时畅通行，永漳高速[1]有温情。

— 解析 —

2017年9月24日，郑教授从三明清流乘车回到漳州，历时三小时。途经诸多隧道，令郑教授印象深刻，但畅行无阻的体验，也令郑教授感受到未来自强大学浓浓的温情。

[1] 永漳高速：漳州至永安高速公路，位于福建省南部，是规划的海峡西岸经济区“三纵八横三环三十三联”高速公路网中的一条区域联络线，是国家高速公路网连接成线的重要组成部分。

老当益壮

9月24日

少年何妨梦摘星？老当益壮望海平。

胸怀天下弱势情，何畏坎坷征途停？

赵兰昕演讲诗句：

少年何妨梦摘星？敢挽桑弓射玉衡。

莫道今朝精卫少，且邀他日看海平。

赵兰昕在北大2017年开学典礼上讲话

— 解析 —

2017年9月8日，在北京大学的开学典礼上，毕业于重庆八中的赵兰昕作为新生代表发言。她的一席话令郑教授感同身受。在郑教授看来，年轻人应该要有远大理想，即使老了也可以像曹操那样老当益壮。无论何时，郑教授始终心系千千万万的残疾同胞，纵使路途艰辛仍旧勇往直前。

博饼

9月24日

福州商会[1]漳州开，嘉宾博饼[2]笑颜开。

玉安会长[3]盛情在，大爱互助有缘来。

— 解析 —

2017年9月24日，中秋佳节的脚步临近，郑教授受邀参加漳州市福州商会（筹）晚会，作诗记录下当晚见闻。漳州市福州商会（筹）在漳州召开期间，全体与会人员还参加了中秋博饼活动，现场气氛热烈。福州商会玉安会长盛情助力自强大学项目建设，郑教授感其乃大爱之人，希望有缘再续。

[1] 福州商会：位于福州市台江区双杭街道上杭路。清光绪三十一年(1905)，福州富商张秋舫、罗筱坡、李郁斋等首倡组织“福州商务总会”。

[2] 博饼：又称“跋饼”，是闽南地区独具特色的中秋传统活动，始于清初，是一种独特的月饼文化，也是闽南人对历史文化的一种传承。

[3] 玉安会长：这里指福州商会会长陈玉安。

国庆游

10 月 1 日

免费高速下杏林[1]，孙儿同往喜自心。

六八国庆众开心，鹭岛更显万象新。

楼高形特风貌彬，祖国富强乐万民。

探索酒店机场近，明日宝岛探金银。

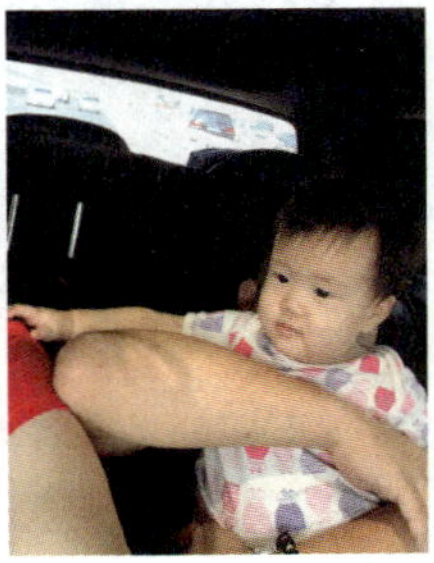

— 解析 —

2017 年 10 月 1 日是第 68 个国庆节，普天同庆。假期里，郑教授携家人出访台湾，先到厦门。此行有外孙女的陪伴，郑教授的喜悦之情溢于言表。国庆期间，高速免收过路费，郑教授一家从杏林高速路口驶出。鹭岛——厦门，高楼林立、万象更新，一派繁荣景象，令郑教授甚感祖国富强、百姓齐乐的幸福。郑教授一家人在机场附近的探索酒店入住，养精蓄锐，准备第二天前往宝岛台湾。

[1] 杏林：位于厦门岛的西北面，九龙江出海口，距厦门市中心 18 公里，1978 年 9 月 1 日正式挂牌成立杏林区。

闽南大戏院[1]

10月1日

小女邀我上戏院，修女疯狂[2]有因缘。

首享歌剧百老汇，音乐艺术显高贵。

童叟无欺价相同，掌声欢呼众相从。

高雅闽南大戏院，只憾佳座难填全。

— 解析 —

2017年国庆期间，郑教授一家访台之前，暂留厦门。受女儿邀请，郑教授与其一同前往闽南大戏院参观，并欣赏了歌剧《修女也疯狂》。首次观看百老汇的歌剧，郑教授感叹歌剧艺术之高贵，如此视听盛宴，票价却平易近人。闽南大戏院如此高雅，但到场率不佳，郑教授表示十分可惜和遗憾。

---

[1] 闽南大戏院：坐落于厦门会展北片区展鸿路87号，总建筑面积2.7万平方米，总投资超过4.3亿元，参照国家一流剧院水准建设，是目前福建省功能最全、规模最大、档次最高、具有国际一流水准的演出场馆。

[2] 修女疯狂：指歌剧《修女也疯狂》。《修女也疯狂》是由美国试金石影业发行，埃米利·阿朵里诺执导，乌比·戈德堡、玛吉·史密斯主演的喜剧片，于1992年5月29日在美国上映。影片讲述了夜总会二流女歌手因目睹一桩谋杀被黑帮头目追杀，警方安排她躲进一所修女院，由此引发的一系列故事。

台湾行

10月2日

U型大弯飞台北[1]，高雄[2]台南[3]嘉义[4]退。

台中[5]新竹[6]转眼背，晴空万里桃园[7]汇。

— 解析 —

2017年10月2日，郑教授一家从厦门经“U型”大弯飞往台北。本次行程中，飞机途经高雄、台南、嘉义、台中、新竹，最后到达台北桃园机场。

---

[1] 台北：简称“北”，又称“北市”，是中国台湾省省会。

[2] 高雄：位于台湾省本岛西南部，由原高雄市与高雄县于2010年12月25日合并而来。

[3] 台南：位于中国台湾省西南部，世界历史都市联盟成员。

[4] 嘉义：位于中国台湾省西南部，地处嘉南平原北端，北回归线经过此地。

[5] 台中：别名“中市”，是中国台湾省中部的经济、交通、文化中心，始建于清朝，清光绪十二年（1886）曾一度为台湾首府。

[6] 新竹：位于中国台湾省西北部，是一座新型工业城市，是台湾省的第七大都市。

[7] 桃园：这里指台北桃园机场。

访台

10月2日

邹董邀我访台行，圆山饭店[1]四日停。

六五周年名店情，袁总[2]亲接电梯行。

— 解析 —

2017年10月2日，国庆长假期间，受武夷山职业学院董事长邹琍琼邀请，郑教授一家前往台湾考察。郑教授一家抵达圆山饭店时，恰逢圆山饭店65周年庆。郑教授一家受到了袁总的亲自接待，并在此停留了四日。

---

[1] 圆山饭店：是一家位于中国台湾台北市中山北路四段一号的传统建筑造型饭店，历史悠久，位于剑潭公园旁，是台北市的地标之一。

[2] 袁总：圆山饭店副总经理袁明国。

圆山饭店

10月2日

圆山饭店品小吃，美龄松糕今方知。

林博[1]多才幽默姿，邹董魅力全台痴。

— 解析 —

2017年国庆期间，郑教授一家前往台湾考察，在圆山饭店品尝了饭店的招牌甜点、宋美龄最爱的“红豆松糕”。席间，郑教授感受到林博的博学多才和风趣幽默，而武夷山职业学院董事长邹琍琼的巾帼魅力亦令人敬佩。

[1] 林博：台湾中国文化大学政治学系博士林鸿海。

午后漫步

10月2日

午后漫步士林区[1]，左右四周一片绿。

不期官邸公休去，美龄座驾聊为趣。

— 解析 —

2017年国庆期间，郑教授一家赴台湾考察。闲暇的午后，漫步士林区，郁郁葱葱的植被环伺左右，一派生机勃勃的自然之景令人印象深刻。遗憾的是，没有预料到官邸工作人员休假，不能入内一睹风采。郑教授一行转而在美龄座驾房聊人生、话家常，享受难得的悠闲时光。

[1] 士林区：位于中国台湾台北市北部，区内东北为大屯火山群，以七星山为最高（海拔1120米），东南有大仑山及大直诸山。

中正纪念堂[1]

10月3日

蒋氏座驾两辆陈，千秋功过历史认。

更喜榕松蒋家人，为我助理中正认。

— 解析 —

2017年国庆期间，郑教授一家在台湾之时参观了中正纪念堂。中正纪念堂内，蒋氏的两辆座驾陈列其中，他们的千秋功过历史可鉴。郑教授的助理姓蒋，于是郑教授开了个玩笑，让助理蒋榕松在中正纪念堂与蒋中正合影，“认定”其为蒋家后人。

[1] 中正纪念堂：位于中国台湾台北市中心，占地为75000平方米，为纪念蒋介石于1976年筹建，1980年4月5日起对外开放参观。

台湾无障“爱”

10月3日

微笑台湾无障行，博爱电梯有共鸣。

扶手缓坡科学定，无障标志有人情。

洗手便利如厕宁，捷运地铁可畅行。

轮椅乘客电车行，美丽图标紧跟行。

– 解析 –

2017年国庆期间，郑教授一家前往台湾考察。在台湾，郑教授亲身体验了台湾无障碍设施。有爱的电梯设计，引起了郑教授的共鸣。通道坡度均为科学设计，随处可见的无障碍标志尽显人文关怀。无障碍厕所，连洗手都方便干净又快捷，哪怕是捷运地铁，仍可畅通无阻。台湾的每一处无障碍设施，都给予了郑教授诸多启发和感动。

感怀

10月3日

阿里[1]十八身材高，美女如云将如潮。

六万员工世界跑，全球廿一位更高。

马云豪言皆可弃，唯有理想不可抛。

八年抗战所罗门，自强大军何时潮。

— 解析 —

2017年10月3日，郑教授观看了马云在阿里巴巴集团18周年年会上的演讲视频。阿里巴巴从最初的18位合伙人变成在全球拥有近6万名员工的世界第二十一大经济体，在马云的演讲中，“理想”一词引起了郑教授的共鸣。福建所罗门投资有限公司已经走过8年风雨，创办自强大学的梦想还在继续，然而自强大军仍需不断壮大。

[1] 阿里：这里指阿里巴巴。

台北 101[1]

10月3日

一零一楼观景台，祖原大师真有才。

第一高楼曾经排，第一拥挤体验来。

名人一游四处排，每日万人跟着来。

购票入场又出场，三三步阵长队排。

－解析－

2017 年国庆期间，郑教授一家考察台湾，一睹台北 101 风采。登上台北 101 观景台，郑教授亲身体验到建筑设计师李祖原的别具匠心及拥挤的人群。2010 年以前，台北 101 是世界第一高楼，高 508 米。每日到访台北 101 的游客络绎不绝，每个入口都排着长龙，尽管如此，每日仍有万人慕名前来。

[1] 台北 101：位于中国台湾省台北市信义区，由建筑师李祖原设计，由熊谷组—华熊营造—荣民工程—大友为所组成的联合承揽团队建造，保持了世界纪录协会多项纪录。

士林夜市[1]

10月3日

士林夜市五十年，多国宾客忘流连。

特色小吃品无限，品多物美价又廉。

全路畅通利残健，专用梯厅近眼前。

市场如此不易见，学校更须便利先。

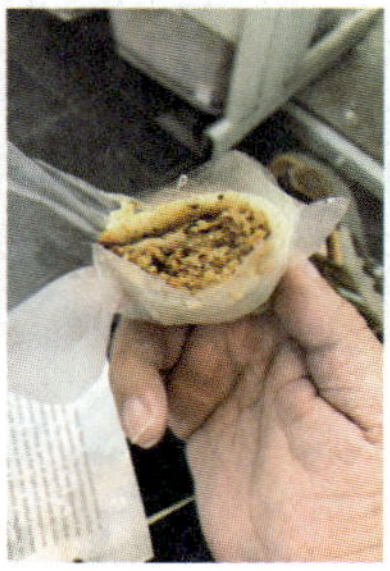

— 解析 —

台北士林夜市迄今为止已有 50 年的历史，多个国家的宾客在这里流连忘返。士林夜市的特色小吃种类琳琅满目且物美价廉。这个繁华的夜市拥有专用电梯等无障碍设施，令郑教授一行的行程全路畅通，如此人性化的市场十分少见，郑教授由此感慨学校的无障碍建设更须引起重视和完善。

[1] 士林夜市：台北颇具规模且相当知名的夜市之一，位于文林路、大东路、大南路和小北街一带，有超过 500 家店面和摊贩。

银河之星

10月3日

晨颜窗外喜驻目，茫茫宇宙星星数。

银河之中智慧著，谁执彩练脚下舞。

－解析－

2017年国庆期间，郑教授一家考察台湾，外孙女晨颜也随之出行。登上台湾101，晨颜看着窗外的夜景，如宇宙里的星星一般，十分开心地驻目欣赏。郑教授见状，用诗记录下这宝贵的时刻。

台北故宫[1]（一）

10 月 3 日

台北故宫多珍宝，翡翠白菜是至宝。

瑾妃嫁妆有此宝，何时来台成孤宝。

宝岛回归是至宝，两宫合并更多宝。

孩子有妈便是宝，浪子回头是至宝。

— 解析 —

2017 年 10 月 3 日，郑教授一家的台湾之行抵达了台北故宫博物院。台北故宫博物院里陈列着如翡翠白菜等诸多奇珍异宝。看着瑾妃嫁妆，郑教授思考是何时被送至台湾成为孤宝的。北京故宫博物院与台北故宫博物院虽分隔两地却关系密切，若能合并将能汇集更多的珍宝。

[1] 台北故宫：台北故宫博物院，又称台北故宫、中山博物院，是中国大型综合性博物馆，台湾规模最大的博物馆，也是中国三大博物馆之一，是研究古代中国艺术史和汉学的重镇。

台北故宫（二）

10 月 3 日

台北故宫毛公鼎，西周金文毛公情。

去年上课曾忘情，今见实物显真情。

最长铭文悠悠情，道光出土辗转停。

中华文字源流清，爱国情怀宝岛行。

— 解析 —

2017 年国庆期间，郑教授一家在台湾时参观了台北故宫博物院。毛公鼎是西周晚期青铜器，因做器者毛公而得名，清道光二十三年（1843）出土于陕西岐山（今宝鸡市岐山县），现藏于台北故宫博物院。此时，郑教授不禁想起 2016 年在闽南师范大学讲授《现代汉语》课程时，曾在书中见过此物，如今得见实物，感慨颇深。毛公鼎铭文长度接近 500 字（有 497 字、499 字、500 字三说），在目前所见青铜器铭文中为最长。看着眼前的毛公鼎，郑教授感慨中华文字源远流长，宝岛之旅不虚此行。

台北故宫（三）

10 月 3 日

故宫珍宝惊叹中，现代艺术也入宫。

百万价值仿古董，中山博爱重中重。

和诗：黄麒麟

恩师考察旅途中

宝岛美景欣赏中

故宫珍宝呈现中

新北夜景欣赏中

自强愿景酝酿中

期待早日返程中

中国梦想实现中

— 解析 —

2017 年国庆期间，郑教授一家在台湾参观了台北故宫博物院。台北故宫博物院内除了琳琅满目的稀世珍宝，现代艺术也与时俱进陈列其中。台北故宫不惜花费百万高仿古董。在郑教授看来，台北故宫孙中山人像及其博爱的精神乃重中之重。

台北故宫（四）

10 月 3 日

出宫早已过午时，富乐客户不嫌迟。

大肠小肠双肠吃，邹董总有名小吃。

甘蔗锅料美味至，若非未时无位置。

收尾冰凌美姿势，创新不妨点滴至。

— 解析 —

2017 年国庆假期，郑教授一家考察台湾时，对台北故宫博物院流连忘返。郑教授一家离开台北故宫博物院的时候已过中午，走进饭店依旧是宾客满堂。午餐中，在武夷山职业学院董事长邹琍琼的推荐下，郑教授品尝了台湾特色小吃——大肠包小肠，主食甘蔗火锅甚是美味，平时用餐都没有位置。饭后甜点冰淇凌，别具一格的样式启发郑教授在事业中可多些创意。

镇楼之宝

10月3日

风阻尼器[1]镇楼宝，世界第一是至宝。

身强力壮五米高，百只大象撼不了。

抗震神器今知晓，抗风护楼全身宝。

自强事业万里遥，保驾护航不可少。

— 解析 —

2017年10月，郑教授一家考察台湾101，亲眼目睹了台北101镇楼之宝——世界最大的风阻尼器。这个阻尼器直径5.5米，重达660吨，哪怕是百只大象也撼动不了它。现今世界上超高层建筑遍地开花，超高层建筑的建造是多个领域高新技术的综合体现，其中建筑物结构之设计最为重要。要确保安全，还必须考虑居住上的舒适性，在遇较大风力时能减小建筑物的摇晃。故此，被誉为“定楼神球”的调谐质量阻尼器广泛应用开来。此情此景，郑教授感慨自强大学的筑梦之路仍任重道远，但是保驾护航的决策必不可少。

[1] 风阻尼器：这里指台北101镇楼之宝。在中国，第一个安装风阻尼器的是台北101大厦，在大楼88——92楼层挂置一个重达660吨的巨大钢球，利用其摆动来减缓建筑物的晃幅。

电梯加速度

10月3日

世界最快电梯行，六十公里时速行。

一〇一楼直升行，速度完美合并行。

— 解析 —

2017年国庆期间，郑教授一家参观台北101，搭乘直升电梯。台北101电梯被认定为目前全球最快速电梯，时速约60公里。这速度与美景的完美搭配，令郑教授一家印象深刻。

台北捷运

10 月 3 日

台北捷运便利行，的士司机有苦鸣。

邹董带我体验行，特殊通道处处情。

— 解析 —

2017 年国庆期间，郑教授一家考察台湾。其间，在武夷山职业学院董事长邹琍琼的带领下，郑教授亲身体验了台北捷运，捷运的方便快捷对的士行业带来了不小的冲击，而这里人性化的特殊通道设施，让郑教授感到了满满的人文关怀。

二访士林官邸

10月4日

士林官邸开放日，进院才知禁拍事。

邸外观赏更别致，白千层树有景致。

宽容大度好品质，朴素美好不忘志。

临行邂逅轮椅妇，其女独唱孝顺至。

— 解析 —

2017年10月2日，郑教授一家在台湾考察之时欲参观士林官邸，不巧遇公休日。10月4日，郑教授一家第二次到士林官邸。一家人进入士林官邸，才得知禁止拍照的要求。邸内白千层树很是别致，但相比之下，郑教授还是偏爱邸外的神秘感。士林官邸内没有奢华的装饰，只有朴素简洁的陈设。离开士林官邸之时，巧遇一名坐轮椅的妇人，听着妇人女儿的歌声，郑教授被女孩的孝顺和用心感动。

新北市见闻

10 月 4 日

野柳[1]途经万里区[2]，新北市内一小区。

停车驻足观海去，台湾海峡两岸聚。

惊涛拍岸乱石堆，风流人物今朝续。

眼前一亮标识居，喜得无障厕所趋。

— 解析 —

2017 年 10 月，郑教授考察台湾时抵达了新北市，用诗记录了沿途见闻和感受。野柳地质公园和万里区都属于新北市的一个小区，旅途中，郑教授一家停车驻足看海，不禁联想到台湾海峡两岸相聚的可贵情谊。乱石堆上，惊涛拍岸，磅礴的气势令郑教授咏怀。其间，郑教授瞧见无障碍厕所，欣喜万分。

[1] 野柳：野柳地质公园，位于中国台湾省新北市万里区，野柳是突出海面的岬角（大屯山系），长约 1700 米，由于海蚀风化及地壳运动等作用，造就了海蚀洞沟、蜂窝石、烛状石、豆腐石、蕈状岩、壶穴、溶蚀盘等绵延罗列的奇特景观。

[2] 万里区：新北市的一个市辖区，位于新北市北部，紧邻基隆市。万里区靠海，因此以渔业与滨海观光业为主，境内以野柳风景特定区与其内的“女王头”风化地形知名。

野柳地质公园

10月4日

野柳公园无障行，千百万年风化景。

蘑菇朵朵红土情，女王头下万众停。

风吹雨打最无宁，水滴石穿终有情。

测速台盘望陆行，见诗得福中秋情。

— 解析 —

2017年10月4日，郑教授一家抵达台湾新北市的野柳地质公园。在这里，郑教授亲身体验了景区的无障碍设施，欣赏了经千百万年侵蚀与风化交互作用的风化石景观。蕈状石的演育过程要历经千百年，是野柳最具代表性的地形景观，“女王头”雍容尊贵的形态早已成为野柳地质公园的象征，是台湾旅游业的一张名片。10月4日，恰逢一年一度的中秋佳节，郑教授也借这首诗为亲朋送上节日的祝福。

九份老街[1]

10月4日

九份老街千家店，人山人海难相见。

九户人家最初见，悲情城市名声现。

如今林林百饭店，亘古不变食为天。

数万人流每日现，汇我大军何日见。

— 解析 —

2017年国庆期间，郑教授一家考察台湾，抵达九份老街。作为全台最热门的观光景点之一，九份老街内店面众多，全年观光客络绎不绝。根据《台北县志》的记载，由于在清领时代初期，这个村落住了九户人家，每当外出到市集购物时都是每样要九份，到了后来“九份”就成为这个村落的名字，一直沿用至今。20世纪80年代后期，台湾著名导演侯孝贤所执导的一部电影《悲情城市》，在九份附近取景拍摄。这部获得威尼斯大奖的电影，让人再次留意到这个特别的小镇。九份的怀旧气息，自然承袭许多美食。看着这里每日数万的人潮，郑教授感慨自强大学梦之队的队伍何时也能如此壮大。

[1] 九份老街：中国台湾新北市瑞芳区的一处景点，后因台湾电影《悲情城市》而名声大噪，保留着许多日式建筑，也是日本宫崎骏动画神隐少女的参考场景之一。

中秋情

10月4日

上车下雨下车停，全日旅游凉爽行。晚餐定在土城区[1]，全国宴会霸气居。

全台最佳警察官，林博柔性治毒贩。新北议员林金结，抽空慰问中秋节。

徐博赠书统一事，两岸团圆终有时。晚餐开局各吟诗，文人墨客相聚时。

美酒佳肴赏味蕾，欢歌笑语过耳垂。邹董儿子终赶到，母子连心新歌报。

难忘中秋台湾过，易见长春大陆说。两岸同胞友情晒，不陪家人陪吾侪。

一 解析 一

2017年10月4四，郑教授在台湾度过难忘的中秋节。邹琍琼董事长、林鸿海博士、徐名庆博士等台湾名人均放弃与亲人团聚陪郑教授一起过中秋节，为此有感而作。晚餐时分，郑教授上车前还在下雨，下车时雨已停，如此凉爽的天气伴随着郑教授度过当天的行程。晚餐定在土城区内的全国宴会馆内。林鸿海博士堪称全台湾最佳警察，在柔性治毒方面颇有成效。新北市议员林金结抽空前来慰问郑教授一行，并送上节日的祝福。徐名庆博士为郑教授送上了自己撰写的书籍，郑教授感叹两岸同胞一家亲。晚餐开局之时，出席本次聚餐的各方均吟诗感怀，文人墨客相聚，美酒佳肴作陪，欢声笑语不断。邹琍琼董事长的儿子百忙之中前来赴宴，母子二人共同演绎了美妙的歌曲。当晚的一物一景、一人一事，都令郑教授印象深刻。

---

[1] 土城区：中国台湾新北市的一个市辖区，位于台北盆地西南角。

台北黄金瀑布

10月5日

黄金瀑布新北妙，水枯仍有黄金道。

旧铜矿早已缥缈，新思维尚未怀抱。

忆古昔千年一秒，看远方万里三毫。

游台湾五天四宵，盼统一两岸一桥。

— 解析 —

台北黄金瀑布位于中国台湾省台北县金水公路往长仁社区方向，复兴村与梅兰村之间（在南横公路旁）。因为早期小溪上游采铜矿，矿砂沉积溪床，并有菌类附着滋生，形成金黄色的瀑布奇观，瀑布旁的台金旧矿场，可俯瞰阴阳海，景致十分诡异。此地是相当良好的眺望点，可远望鸡笼山岭上的金瓜石山城，以及蜿蜒有如蛇行的金水公路。郑教授在台湾的文化之旅共五天四夜，此行也令郑教授对两岸统一一家亲的美好愿望愈加强烈。

新光三越百货[1]

10月6日

新光三越百货店，熙熙攘攘廿六年。

迎客热茶微笑现，琳琅满目惹人羡。

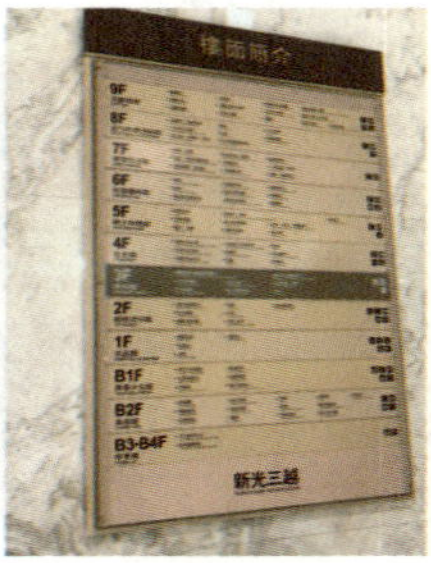

– 解析 –

2017年10月6日，郑教授一家在台湾考察，此站抵达新光三越百货。新光三越百货成立至今已有26个年头，这里琳琅满目的商品十分具有诱惑力，而商家的热情招待让走进这里的每个人心情舒畅。

[1] 新光三越百货：简称新光三越，英文简称SKM，是台湾一家连锁型百货公司，由新光集团与日本三越百货在1989年共同合资成立，总部位于中国台湾台北市，主要经营百货、餐饮娱乐及生鲜超级市场等，并有新光影城附属事业。

台北得胜

10 月 6 日

台北得胜恩典在，协力合一有大爱。

管理规范井然泰，技术口碑更出彩。

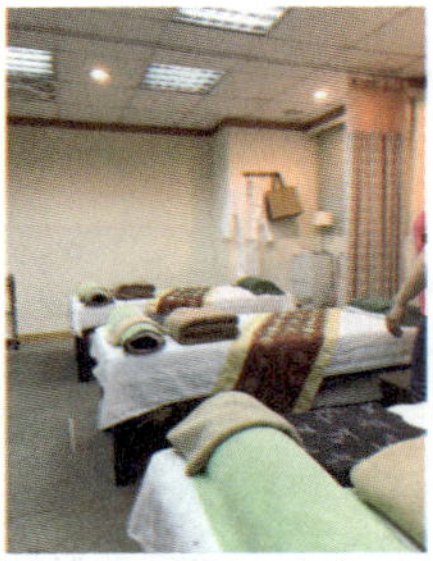

—解析—

2017 年 10 月 6 日，郑教授在台湾之际，参观了台北得胜公司。郑教授切身体会到了井然有序的规范管理、娴熟的技术和良好的口碑，而这里上下一心的团队合作精神更加令人感动。

相聚时刻

10月6日

圆山饭店袁总导，花莲玉灯迎客笑。

金龙三爪日本闹，红椅四足汤加造。

美龄坐椅邹董俏，中正宝位蒋少笑。

国宴厅内巨桌嘲，国宴门外吾思道。

— 解析 —

2017年10月6日，郑教授一家考察台湾期间，在圆山饭店袁总的安排下享受了一场与众不同的晚宴。饭店里，花莲玉灯形成的过道、大厅内的金龙三爪、馆内的四足红椅都给郑教授留下了深刻印象。席间，武夷山职业学院董事长邹琍琼在座椅上模仿宋美龄的坐姿，郑教授个人助理蒋蓉松也附和落座于中间的位置，国宴厅内的巨型大桌令人惊叹。此情此景，也引起了郑教授对人生的感悟。

送行宴

10月6日

金龙酒店送行宴，邹董安排细心惦。

文化大学教授现，林博徐博又相见。

金门高粱馨香奠，稻草牛排清香甜。

菊花豆腐刀工练，两岸交流同心宴。

— 解析 —

2017 年 10 月 6 日，郑教授一家结束了在台湾的行程，武夷山职业学院董事长邹琍琼精心为郑教授在金龙酒店举办送行宴。送行宴上，文化大学教授受邀前来，林鸿海博士、徐名庆博士两人也到场为郑教授送行。席间，稻草牛排、菊花豆腐的行家刀工等令人记忆犹新。

忆厦大峥嵘岁月

10月14日

三报厦大本硕博，无奈身残铁链锁。

今感院长亲手握，厦大教授证书硕。

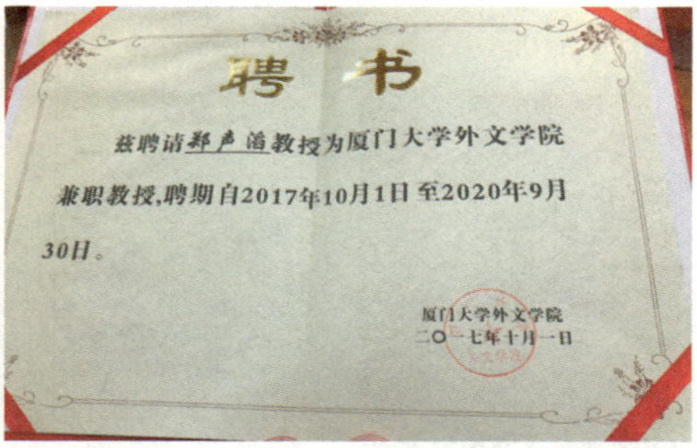
聘书

兹聘请郑声滔教授为厦门大学外文学院兼职教授，聘期自2017年10月1日至2020年9月30日。

厦门大学外文学院
二〇一七年十月一日

— 解析 —

2017 年 10 月 14 日，郑教授受邀出席了厦门大学外文学院 2017 级新生开学典礼暨学风建设大会。其间，郑教授回想起当年三次报考厦门大学的经历，分别报考过本科、硕士和博士，却都因身残无奈被拒。今时今日，郑教授有幸与厦门大学外文学院院长张龙海教授在此亲切握手，并接受厦门大学外文学院兼职教授聘书，甚感荣幸。

三生家庭

10月15日

田姐邀我访别墅，满桌佳肴香喷雾。

苹果桔子相拥簇，三生世家康乐驻。

— 解析 —

2017年10月15日，郑教授前往北京参加中央电视台《向幸福出发》栏目录制。其间，受三生（中国）健康产业有限公司523系统主要领导人之一的田月云女士的邀请，前往其家中小聚。为了迎接郑教授一行的到来，田姐准备了满桌的美味佳肴，田姐的两个孙子——苹果和桔子簇拥而至，更增添了一番情趣。席间，其乐融融的氛围令郑教授一行深深感受到了三生亲如一家的幸福与幸运。

参观天安门

10月15日

西时将近不嫌晚，万人向往天安门。

几度来京未得参，今有合影可相传。

— 解析 —

2017年10月15日，郑教授前往北京参加中央电视台《向幸福出发》栏目录制，得空参观了北京天安门。虽然已是下午5时许，但这里的游客依旧络绎不绝。郑教授前往北京为数不少，但今日才有机会在天安门参观留影，为此，郑教授赋诗感怀。

北京行

10 月 15 日

感恩央视邀节目，京城留影好相处。

难得同游幸福驻，不忘同人好相顾。

— 解析 —

2017 年 10 月 15 日，郑教授前往北京参加中央电视台《向幸福出发》栏目录制，赋此诗表感恩之情。驻足北京之时，郑教授一行同游北京多处景点，每一个地方，每一个时刻，郑教授都感到幸福与满足。

北京故宫[1]

10 月 16 日

台北故宫历在目，北京故宫今驻足。

门多殿多装饰多，景说人说建筑说。

四人同赏祖国美，万客共描世界醉。

民众喜迎十九大，节日气氛更放大。

— 解析 —

2017 年国庆期间，郑教授一家考察台湾，而台北故宫的一切似乎还历历在目；2017 年 10 月 16 日，郑教授来到北京故宫，两处著名景点都给郑教授留下了深刻的印象。走进北京故宫，这里不同的宫殿、不同的装饰令人目不暇接，不愧是世界五大宫之首。中国共产党第十九次全国代表大会于 2017 年 10 月 18 日至 24 日在北京召开。此时，北京到处沉浸在党的十九大即将胜利召开的喜庆氛围中。

[1] 北京故宫：中国明清两代的皇家宫殿，旧称为紫禁城，位于北京中轴线的中心，集中国古代宫廷建筑之精华。

二上央视[1]

10 月 17 日

央视圆楼演播厅，幸福出发众深情。

才艺出众精益精，大爱入世暖心灵。

国强民乐人心定，身残志坚山崖应。

喜逢庹震言衷情，中华祥瑞更振兴。

— 解析 —

2017 年 10 月 17 日，郑教授前往北京参加中央电视台《向幸福出发》栏目录制。《向幸福出发》栏目在中央电视台圆楼演播厅录制。等待上场之前，郑教授欣赏了节目参与者出众的才艺，近距离感受着暖人心的大爱。当日恰逢“十九大”发言人庹震在北京人民大会堂举行新闻发布会，并介绍会议准备情况。郑教授深感振兴中华、国家昌盛、人民幸福的重要性。

[1] 央视：中央电视台，英文简称 CCTV，中文简称央视，是中华人民共和国国家电视台，成立于 1958 年 5 月 1 日。

惊喜

10 月 19 日

十九大会进行中，央视分享幸福中。

返厦飞机延误中，免费升舱惊喜中。

头等舱内享福中，感恩厦航助残中。

中特新时关键中，常有喜事意外中。

— 解析 —

2017 年 10 月 17 日，郑教授前往北京参加中央电视台《向幸福出发》栏目录制时，恰逢“十九大”胜利召开之际。在完成央视《向幸福出发》节目录制之后，郑教授乘厦航波音 757 飞机从北京直飞厦门，意外地被免费升至头等舱，欣喜之下特赋诗一首。

精卫填海

10月26日

日夜兼程不觉苦，花蚊叮咬最痛楚。

扶弱三感我愿助，精卫不死填海路。

— 解析 —

2017年10月26日，郑教授感叹忙碌的工作均不在话下，但花蚊的叮咬却令人十分苦楚，难以忍耐。为了在扶贫助残助学的道路上，提高弱势群体的幸福感、获得感和安全感，郑教授十分愿意慷慨解囊。公益之路虽任重道远，但郑教授愿像精卫填海一样永不言弃。